Gewaltfreie Kommunikation mit Kindern
Bleibe mit deinem Kind in Verbindung – trotz Wut, Streit und Krisen
Yvonne George

Yvonne George

# Gewaltfreie Kommunikation mit Kindern

Bleibe mit deinem Kind in Verbindung – trotz Wut, Streit und Krisen

# Inhalt

# Vorwort

**von Jutta Rahlf-Riermeier, Institut „Bindungsraum“**

Dieses kleine Buch von Yvonne George ist ein besonderer Schatz für die heutige Zeit, in der Kommunikation fast häufiger über digitale Medien als von Angesicht zu Angesicht geschieht. Davon abgesehen, dass auch Erwachsene unter einem Mangel leiden, wenn sie kaum noch direkten menschlichen Kontakt genießen, so ist es für Kinder und im Speziellen für einen Säugling überlebenswichtig, mit seinen Eltern oder anderen Fürsorgepersonen in einem andauernden, feinfühligen, kommunikativen Austausch zu sein.

Aber: Der frühe Austausch mit einem Kleinkind ist etwas Besonderes und unterliegt besonderen biologischen Bedingungen: Die Grundlage unseres Selbst (d. h. wie wir werden wer wir sind) liegt in den ersten 24 Monaten des Lebens, in denen die Art des kommunikativen Austausches der Mutter und des Vaters mit ihrem Säugling prägend für seine spätere psychische und geistige Entwicklung ist.

Das menschliche Kleinkind, obwohl ein fühlendes, mit der Würde des Menschen ausgestattetes Wesen, verfügt noch über kein SELBST oder ICH. Die neuronalen Netzwerke des Gehirns sind zum Zeitpunkt der Geburt noch unreif.

Dies steht im Gegensatz zu anderen Säugetieren, die nach der Geburt spüren, dass sie auf einer Welt sind, in der sie spielen, saugen, rennen, springen oder der Mutter folgen können, während ein Kleinkind nichts dergleichen kann und nicht spürt, wer oder wo es ist.

In diesem Sinne sind wir biologische Frühgeburten ohne ein Grundgefühl von SELBST und ICH.

Damit liegt die entscheidende Entwicklung unseres Gehirns und seinen höheren neuronalen Systemen, in denen das SELBST angelegt wird, in den Händen der Umwelt, in die wir hineingeboren werden. Und an dieser Stelle hat der Mensch von Geburt an eine besondere Hochqualifizierung: Er beginnt von Geburt an, die Mutter oder andere Fürsorgeperson auf vielfältige Weise auf sich aufmerksam zu machen und sie dazu zu bewegen, sich um ihn zu kümmern und für ihn zu sorgen.

Er bewegt sich, strampelt mit Beinen und Ärmchen, weint, schreit, schaut in die Welt und sucht dort etwas, nämlich die Mutter, die Bindungsperson, die ihm das Überleben und das Reifen ermöglicht.

Und hier liegt seine Kompetenz: Er versucht mit all diesen Bewegungen, seinem Lächeln und seinen Blicken in der Mutter eine Resonanz zu erzeugen, die ihm die Sicherheit gibt, nicht übersehen und vergessen zu werden. Das Allerwichtigste aber ist für einen Säugling, der die ganze Welt mit all den Reizen, die er aufnimmt, aber noch nicht versteht, die Liebe der Mutter und seiner Familie. Eine fürsorgliche und liebevolle Umwelt ist daher ein Geschenk des Lebens für den Start ins Leben. Spätere Widrigkeiten können mit diesen starken, ersten Lebenswurzeln viel besser bewältigt werden.

Was bedeutet das für unser Leben und worüber entwickelt sich diese spezielle emotionale Bindung an wichtige Menschen? Die emotionale Verbindung mit anderen ist ein grundlegendes Bedürfnis eines jeden Menschen.

**An dieser Stelle ist das wunderbare Buch von Yvonne George von großer Bedeutung und ein großer Schatz. Entscheidend ist die Art und Weise, wie wir mit einem Kleinkind und später natürlich mit älteren Kindern und Jugendlichen kommunizieren. Ob sie emotionale Bindungen schaffen, in denen sich Kinder verstanden, sicher und aufgehoben fühlen, oder abgelehnt, allein und unsicher. In der frühen Kindheit ist das empathische, präsente Miteinander von Kind und Erwachsenem der größte Garant für das körperliche und seelische Wohlbefinden.**

Ein SELBST kann nur entstehen, wenn es gespiegelt wird. Dies geschieht im Spiegeln von Handlungen, Geräuschen, Worten, Gefühlen, Empfindungen, später Gedanken, Annahmen und Projektionen. Spiegelungen von einem Menschen auf einen anderen erzeugen Resonanzen. Im besten Fall sind es viele positive Resonanzen, auf die wir in der Kindheit stoßen. Resonanzen sind Schwingungen, die sich zwischen Menschen ergeben und häufig Emotionen auslösen, bewusst oder unbewusst.

Darin liegt das Geheimnis unserer Art wie wir in die Welt kommen. Wie sehen die Antworten unserer Umwelt auf uns aus? Wie fühlt sich die Resonanz meiner Bindungsperson auf mich an? Löst sie Wohlgefühle aus oder Schmerzen? Kann sich mein Körper in ihrer Nähe entspannen? Wie werde ich berührt? Ist es warm und kuschelig oder kalt und hart? Spüre ich, dass ich hier willkommen bin?

Aus diesen durch Resonanzen der Umwelt auf ein Kind ausgelösten Gefühlen beginnt sich sein Bild von sich selbst (sein späteres Selbstbild) neuronal zu vernetzen. Anders gesagt: Durch die innere Gefühlswelt der Eltern und ihrer Annahmen und Denkweisen über ihr Kind entwickelt sich das Selbstbild dieses Kindes.

Das Buch „Gewaltfreie Kommunikation mit Kindern" von Yvonne George Buch verkörpert ein großes Wissen über eine Kommunikation, die Kindern, Jugendlichen und ebenso Erwachsenen ein Bild veranschaulicht, wie sie ihre Kinder vom ersten Tag des Lebens an und für ihr ganzes Leben einen Boden bereiten, der ihre körperliche, seelische und geistige Gesundheit zum Erblühen bringen kann.

Eltern sind die bedeutsamsten Menschen für ihr Kind. Kinder brauchen freundliche und innerlich starke, warmherzige Bindungspersonen, die ein unreifes Wesen in einer komplexen Welt leiten und begleiten. Das Buch „Gewaltfreie Kommunikation mit Kindern" von Yvonne George ist ein sehr gelungenes Werk über dieses komplexe Thema und für Eltern äußerst hilfreich.

Jutta Rahlf-Riermeier
www.bindungsraum.de
Institut für Pädagogik und Therapie

Jutta Rahlf-Riermeier ist Dipl.-Sozialpädagogin, Psychotherapeutin (HPG), Dozentin und Begründerin des Instituts „Bindungsraum", einem Fortbildungsinstitut für Bindungspädagogik und -therapie. Ihre Profession als Gestalttherapeutin und analytische Familientherapeutin hat sie fast 30 Jahre in ihrer psychotherapeutischen Praxis in Berlin ausgeübt.

Heute hält sie Vorträge in der gesamten Bundesrepublik zu den Themen Bindung, Bindungsstörung, Trauma bei Kindern und Jugendlichen und wie Heilung gelingen kann.

# Einleitung

Gewaltfreie Kommunikation ist mehr als nur eine Methode zur Lösung von Konflikten. Was ist Kommunikation?

Wir Menschen kommunizieren mit all unserem Sein. Wir kommunizieren dabei nicht nur mit Worten. Genau genommen sind Worte nur ein kleiner Teil dessen, was wir Kommunikation nennen.

Wir drücken uns in unserer Körpersprache sowie unseren Handlungen und Kreationen aus. Das kann zum Beispiel Musik sein oder ein Bild.

Warum berühren uns manche Kunstwerke so instinktiv? Weil der Künstler seine ganze Liebe und Leidenschaft in sein Werk gesteckt hat. Und obwohl er weit weg ist, kann uns dieses Werk tief berühren.

Ich komme aus einer Familie, in der Gewaltfreie Kommunikation ein Fremdwort war. Wenn ich manchmal in den Ferien das liebevoll zubereitete Frühstück ans Bett bekam, habe ich die Liebe gespürt. Ein Frühstück in Form eines Gesichts. Die Äpfel sind die Augen. Die geschnittene Banane der lächelnde Mund. Das war die Form, mit der meine Großmutter sagen konnte: „Ich hab dich lieb".

Es kann auch umgekehrt der Fall sein.

Kennst du das? Jemand sagt dir etwas. Vielleicht: „Alles ist ok." oder: „Nein, ich bin nicht böse!" Aber irgendwie spürst du, dass das nicht stimmt. Das ist eine sogenannte Doppelbotschaft (Double Bind, zwei widersprüchliche Botschaften werden vermittelt). Dabei wird etwas ausgesprochen, was nicht mit den tatsächlich erlebten Gefühlen übereinstimmt.

Schätzungen besagen, dass 60 % bis 90 % unserer Kommunikation nonverbal ist.

Das ist ein fetter Brocken! Und es bedeutet, dass du immer kommunizierst, auch wenn du nicht redest. Der Kommunikationswissenschaftler und Psychotherapeut Paul Watzlawick stellte das bereits in den 50er Jahren fest: „Wir können nicht nicht kommunizieren." [1]

---

1 *Paul Watzlawick, https://www.paulwatzlawick.de/axiome.html, (abgerufen am 20.08.2019)*

Selbst wenn wir uns verstellen wollen – unser Gegenüber wird merken, dass etwas nicht stimmt. Und weißt du, wer besonders feine Antennen für nonverbale Kommunikation hat? Die süßen kleinen Menschlein mit den Eisflecken auf dem T-Shirt. Unsere Kinder.

Ja, sie sind süß. Sie können uns aber auch an den Rand des Wahnsinns treiben. Denn niemand sonst hat die Fähigkeit, uns so mit unseren eigenen Schattenseiten zu konfrontieren. Sie halten uns den Spiegel vor. Sie wissen genau, welche Knöpfe sie drücken müssen, um uns auf die Palme zu bringen.

Diese Tatsache ist ziemlich nervig. Gleichzeitig birgt es aber auch das größte Potenzial für unsere persönliche Weiterentwicklung. Du wirst an deinem Kind wachsen. Versprochen!

Mithilfe der Gewaltfreien Kommunikation wird jede Entwicklungsphase deines Kindes zu einer abenteuerlichen Reise auf dem Weg zur Selbsterkenntnis. Du wirst lernen, wie du eine gewaltfreie Art der Kommunikation einsetzt, die auf Empathie und Bedürfnissen basiert.

Du wirst deinem Leben mehr Lebendigkeit geben.

Du wirst deinem Kind näherkommen als je zuvor und das tiefe Band der Liebe zwischen euch wachsen lassen.

Nachdem du dieses Buch gelesen hast, wirst du den nächsten Konflikt kaum erwarten können. Weil du es nämlich lieben wirst zu üben. Denn du wirst erstaunlich schnell Fortschritte beobachten können in der Beziehung zwischen dir und deinem Kind.

Natürlich wird dich deine neu erlernte Fähigkeit der Gewaltfreien Kommunikation nicht nur deinem Kind näherbringen. Du wirst auch die Beziehung zu dir selbst und anderen Menschen verbessern. Du wirst klarer sein. Nicht nur in deiner Kommunikation, sondern auch in deinen Gedanken und Gefühlen.

Ich wünsche dir viel Spaß auf der abenteuerlichen Reise zu mehr Liebe und Verbindung mit dem Geschenk der Gewaltfreien Kommunikation.

# Kompass:
# Wie du mit diesem Buch arbeitest

Dieser Ratgeber dient als Orientierungshilfe und bietet einen Einstieg in die Gewaltfreie Kommunikation (GFK) mit deinem Kind.

Im ersten Teil gehe ich auf die Theorie der GFK ein. Am Ende der einzelnen Kapitel findest du hilfreiche Tipps, Hinweise oder Erinnerungen.

Außerdem findest du auch im theoretischen Teil hin und wieder kleine Übungen und Fragestellungen, die dir dabei helfen werden, der Gewaltfreien Kommunikation spielerisch zu begegnen.

Im zweiten Teil findest du praktische Beispiele und Übungen, mit deren Hilfe du die GFK in dein Familienleben integrieren kannst sowie häufige Schwierigkeiten und oft gestellte Fragen.

Am Ende findest du eine Liste mit ergänzender Literatur sowie Links zu hilfreichen Artikeln zum Thema GFK mit Kindern.

**Viel Spaß beim Abenteuer der Gewaltfreien Kommunikation!**

# Teil 1: Einführung in die Gewaltfreie Kommunikation

*„Gewalt ist jeder Versuch, andere Menschen (auf der Basis meiner Bewertungen) zu bestrafen, und jeder Versuch, meine Bedürfnisse zu erfüllen, ohne Rücksicht auf die Bedürfnisse anderer."* [2]

Marshall Rosenberg

## Herkunft der GFK und ihre Einsatzgebiete

Der Begründer der Gewaltfreien Kommunikation ist Marshall Rosenberg. Er lebte von 1934 bis 2015. Geboren in Ohio zog er mit seiner Familie 1943 im Alter von 9 Jahren nach Detroit in ein Schwarzenviertel. Während dieser Zeit wurde der junge Marshall mit der rohen Gewalt von Rassenkämpfen konfrontiert und erlebte, wie sich Menschen gegenseitig aufgrund ihrer Hautfarbe das Leben nahmen.

Außerdem trug sein jüdischer Nachname nicht gerade dazu bei, dass er der beliebteste Schüler seiner Klasse war. Der kleine Marshall wurde regelmäßig in der Schule verprügelt.

Gleichzeitig erlebte er in seiner Familie das ganze Gegenteil. Hier herrschte eine Atmosphäre der liebevollen Güte und des Mitgefühls. In seiner Familie lernte er das Geben von Herzen kennen, als er seinen Onkel beobachtete, wie dieser hingebungsvoll seine schwer kranke Großmutter pflegte. Er fragte sich aufgrund dieser Erfahrungen bereits frühzeitig, warum es einerseits Menschen gibt, die einander aufgrund ihrer Hautfarbe verletzen und töten. Andererseits interessierte es ihn, warum es Menschen wie seinen Onkel gibt, denen es zutiefst Freude bereitet, hingebungsvoll zu geben und bedingungslos zu lieben.

Auf der Suche nach Antworten traf er die Entscheidung, Psychologie zu studieren. Er promovierte und eröffnete seine eigene Praxis, wo er als Psychotherapeut arbeitete. Dort machte er die Erfahrung, dass Menschen mit bestimmten Problemen wie Depressionen zu ihm kamen.

---

2 *Tassilo Peters, https://tassilopeters.com/warum-alle-eltern-gewalttaetig-sind-und-versuchen-es-zu-vertuschen, (abgerufen am 12.08.2019)*

Er erkannte, dass diese von der Psychologie etikettierten „Störungen“ nicht die Ursache des eigentlichen Problems sein konnten. Seiner Erfahrung nach lag das Problem nicht an den Symptomen der Patienten. Die Ursache lag seiner Einschätzung nach in der Art und Weise, wie die Gesellschaft funktionierte. Außerdem erkannte er, dass Diagnosen und verschreibungspflichtige Medikamente seinen Patienten nicht weiterhalfen.

Was aber wirklich das Leben dieser Menschen nachhaltig zum Positiven veränderte, war, dass er ihnen von Herzen zugehört hat. Die Macht der Empathie hat letztlich dazu beigetragen, dass diese Menschen ihrem Leben eine neue Richtung geben konnten.

Aufgrund dieser Erkenntnisse entschloss sich der damals dreifache Familienvater Marshall Rosenberg, seine gut laufende Praxis aufzugeben und sich seiner Lebensaufgabe zu widmen: Die gesellschaftlichen Strukturen mit einer neuen Form der empathischen Kommunikation zu revolutionieren.[3]

**Die Gewaltfreie Kommunikation war geboren.**

Mit der Mission, die gesellschaftlichen Strukturen von Gewalt und Machtmissbrauch zu bedürfnisorientiertem Mitgefühl zu führen, zog es Marshall Rosenberg in die unterschiedlichsten Einsatzgebiete.

Überall, wo Krisen aufgrund von gewaltvoller Kommunikation und Machtstrukturen entstanden, wurde er sozusagen als Feuerwehrmann gerufen, um die Brände der Gewalt zu löschen. Er lehrte die neue Art der Kommunikation vor allem an Schulen und in Gefängnissen. Er wurde aber auch bei politischen Konflikten und Bandenkämpfen als Mediator zurate gezogen.

Marshall Rosenberg brachte mit der Gewaltfreien Kommunikation Menschen zum Reden, die normalerweise, ohne mit der Wimper zu zucken, jemanden erschießen, bevor sie auch nur ein Wort verlieren würden.

All das ist mit einer bloßen Technik nicht möglich, die stur nach dem Lehrbuch praktiziert wird. Es wird aber möglich, indem wir zutiefst die menschliche Natur verstehen. Marshall Rosenberg ist davon überzeugt, dass *„wir Menschen eigentlich nichts mehr genießen, als zum Wohlergehen anderer Menschen beizutragen“*.[4]

---

3 *Vgl. Marshall B. Rosenberg: Konflikte lösen durch Gewaltfreie Kommunikation. Herder, 2012, S. 10-12.*

4 *Vgl. Marshall B. Rosenberg: Konflikte lösen durch Gewaltfreie Kommunikation. Herder, 2012, S. 10.*

*„Probleme kann man niemals mit derselben Denkweise lösen, durch die sie entstanden sind.“* [5]

Albert Einstein

Gewaltfreie Kommunikation wird überall dort erfolgreich eingesetzt, wo es zwischenmenschliche Beziehungen gibt.

Die GFK wird in Bildungseinrichtungen, sozialen Einrichtungen und Familien sowie in Therapien und Beratungskontexten zur Konfliktlösung eingesetzt. Darüber hinaus hilft die Gewaltfreie Kommunikation bei erfolgreichen Verhandlungen und einem harmonischen Zusammenleben.

Die bedeutendste Anwendung dieser Methode liegt jedoch darin, dass wir lernen, wie wir mit uns selbst umgehen wollen. Denn wenn wir das verinnerlicht haben, dann werden wir auch unseren Mitmenschen dementsprechend begegnen.

## Einführung in das Konzept der Gewaltfreien Kommunikation

Gewaltfreie Kommunikation ist eine Sprache, die zutiefst unserer menschlichen Natur entspricht. Sie gründet sich auf Mitgefühl, Verständnis für unsere Bedürfnisse und stellt eine tiefe Verbindung zwischen uns Menschen her.

Ich würde die GFK als natürlichste Kommunikationsform bezeichnen, die existiert.

Das Prinzip ist einfach: Wir lernen, uns entsprechend unserer Bedürfnisse auszudrücken. Außerdem lernen wir, unser Gegenüber entsprechend seiner Bedürfnisse zu hören. Das sorgt für ein tiefes Verständnis. Diese Sprache öffnet unser Herz und kann ein Mittel sein, unser Leben zu bereichern.

Dagegen ist die Umsetzung dieses einfachen Prinzips nicht immer so leicht. Denn wir sind es nicht gewohnt, bedürfnisorientiert zu denken.

---

5 *Zitate-Online, https://www.zitate-online.de/sprueche/wissenschaftler/265/probleme-kann-man-niemals-mit-derselben-denkweise.html, (abgerufen am 20.08.2019)*

GFK basiert auf einer bestimmten Haltung und Denkweise. Unsere Denkweise entsteht durch Denkgewohnheiten, die wir so lange wiederholen, bis sie zu festen Mustern werden. Dadurch lernen wir, die Welt auf eine bestimmte Art zu sehen.

Kinder beobachten und saugen alles auf wie ein Schwamm, was in ihrem Umfeld vor sich geht. Sie lernen durch Nachahmung und aus Erfahrungen. Im Laufe der Zeit nehmen wir bestimmte Verhaltensmuster an, die wir in bestimmten Situationen anwenden. Überwiegend basieren diese Verhaltens- und Gedankenmuster auf unseren Bewertungen und Urteilen über die Welt.

Diese Muster sind nicht so leicht zu durchbrechen. Das liegt daran, dass sie unbewusst ablaufen. Wenn etwas nicht funktioniert, dann sind wir es gewohnt, einen Schuldigen zu suchen. Wir haben es uns angewöhnt, weil alle anderen es auch so machen. Dadurch akzeptieren wir es als „normal", so zu denken.

Diese Haltung wird mit der GFK komplett infrage gestellt. Denn hierbei geht es nicht darum, herauszufinden, wer Schuld hat. Es gibt kein Schubladendenken und die Welt ist nicht schwarz oder weiß. In der GFK ist die Welt bunt. Es geht darum, Freude zu erfahren und von ganzem Herzen zu geben und zu nehmen.

Gerade weil es sich um eine ganz neue Haltung und Denkweise handelt, ist die Umsetzung am Anfang nicht immer leicht. Du kannst es dir so vorstellen, als würdest du eine neue Sprache lernen. Das bedarf am Anfang sehr viel Geduld, Achtsamkeit, Übung und Durchhaltevermögen.

Das Erlernen dieser Sprache des Herzens ist ein Abenteuer. Denn du wirst viele schöne und spannende Momente erfahren. Gleichzeitig wirst du Herausforderungen erleben. Vielleicht wirst du wütend und wirfst dieses Buch frustriert in die Ecke. Auch das ist okay, denn unser Gehirn mag keine Veränderungen.

Doch du wirst dich verändern. Du wirst die alten Gewohnheiten, Haltungen und Denkweisen loslassen, die du nicht mehr brauchst. Loslassen ist nicht immer einfach. Es tut manchmal sogar weh. Habe Vertrauen. Denn du wirst etwas lernen, was dein Leben und das Leben deines Kindes in ungeahntem Ausmaß bereichern wird!

- **Denken und Handeln sind Gewohnheiten.**
- **Wir haben gelernt, in unterschiedlichen Situationen auf bestimmte Art und Weise zu reagieren.**

## Die Philosophie der Gewaltfreien Kommunikation

Gewaltfreie Kommunikation soll das Leben bereichern und leichter machen.

Bei der GFK geht es, wie eingangs beschrieben, nicht nur um eine Technik. Das Prinzip der Gewaltfreien Kommunikation ist eine Philosophie, die auf deiner Haltung basiert.

Du lernst hier nicht nur eine hervorragende Methode zur Gesprächsführung, die deine Beziehungen stärkt und mit der sich Konflikte leichter lösen lassen. Du wirst deine Weltanschauung und deine Sicht auf die Dinge grundlegend zugunsten deiner wahren Natur verändern.

Deine wahre Natur, das ist alles, was in dir lebendig ist. All deine Gefühle und Bedürfnisse sind ein Geschenk und Ausdruck dieser Lebendigkeit.

Die GFK bietet dir die Möglichkeit, nicht nur dein Leben entscheidend zu bereichern, sondern auch das Leben all der Menschen, die dich umgeben.

Betrachte das Konzept der Gewaltfreien Kommunikation als emotionale Investition in deine Zukunft und in die Zukunft deines Kindes. Denn dein Kind wird genau die Überzeugungen und Wertvorstellungen annehmen, die du ihm vorlebst. Eine lebensbejahende Haltung wird das Leben deines Kindes ungemein bereichern.

Es geht hierbei nicht nur um Worte und Kommunikation. Es geht um eine bedürfnisorientierte Geisteshaltung, die sich in all deinen Gedanken und Handlungen widerspiegelt.

Die Grundidee der GFK besteht im Wesentlichen darin, die zugrunde liegenden Bedürfnisse hinter jeder Handlung und Aussage zu erkennen und dementsprechend zu reagieren. Hierbei ist vor allem Empathie gefragt. Empathie ist die Fähigkeit der Einfühlung in uns selbst und andere Menschen.

Unabhängig davon, was dein Gegenüber dir sagt: Du lernst, die zugrunde liegenden Bedürfnisse herauszufiltern. Indem wir unsere Bedürfnisse hören und sehen lernen, schaffen wir Frieden. Dann gibt es keinen Grund mehr, uns von den Gefühlen oder Worten anderer Menschen angegriffen zu fühlen.

Das wirkt sich vor allem in Familien und zwischen Eltern und Kindern enorm auf die Qualität der Beziehung aus.

- **Achtung: Wenn du die Prinzipien der Gewaltfreien Kommunikation anwendest, veränderst du deine Haltung und deine Weltanschauung möglicherweise grundlegend.**
- **Die Sprache des Herzens hat das Potenzial, dein Leben zu bereichern.**

## Die 3 wichtigen (Haltungs-)Grundsätze der Gewaltfreien Kommunikation

**1. Alles, was wir tun, machen wir, weil wir ein Bedürfnis erfüllen wollen.** [6]
Bedürfnisse sind der Motor des Lebens. Jede Handlung führen wir nur deshalb durch, weil wir ein bestimmtes Bedürfnis befriedigen wollen.

Beispiele

| Handlung | Mögliche Bedürfnisse |
|---|---|
| Spielen | Spaß, Freude, Feiern |
| Arbeiten | Selbstverwirklichung, Sicherheit, Sinn |
| Essen | Nahrung, Überleben, Entspannung |
| Schlafen | Erholung, Regeneration |
| Streiten | Kontakt |
| Blumen gießen | Fürsorge, Wachstum |

Dabei ist es uns nicht immer bewusst, warum wir Dinge tun. Wenn du die Gewaltfreie Kommunikation neu für dich entdeckst, kann es zu Beginn eine Herausforderung sein, deine Bedürfnisse zu erkennen. Gib dir selbst Zeit und sei geduldig.

**Eine Übung, um deine Bedürfnisse besser wahrzunehmen, findest du im Kapitel „Übungen“.**

6 *Vgl. Wertebasiert wachsen: Gewaltfreie Kommunikation mit kleinen Kindern. YouTube 19.12.2018, 20.08.2019 um 14:30 Uhr, in: https://www.youtube.com/watch?v=16x8YekdXEk&t=918s*

**2. Menschen wollen grundsätzlich zum Leben der anderen beitragen. Wir haben eine angeborene Kooperationsbereitschaft und helfen gerne.** [7]
Die Bereitschaft zur Kooperation liegt in unseren Genen und hat einen guten Grund: Es sichert unser Überleben. Evolutionstechnisch sind wir schon immer darauf angewiesen zu kooperieren. Schließlich hätte kein Steinzeitmensch ein Mammut allein erlegen können.

Doch auch heute ist es unmöglich, ohne Kooperation zu überleben.

Die Natur hat es so eingerichtet, dass wir zum Leben beitragen wollen und gerne anderen helfen und sie unterstützen, weil wir einander brauchen. Kein anderes Lebewesen im Tierreich ist über einen so großen Zeitraum hinweg von seinen Eltern abhängig.

Keine andere Spezies auf der Welt ist so verletzlich wie wir.

Die meisten Tiere sind kurz nach der Geburt bereits dazu fähig, selbstständig zu stehen und zu laufen. Es dauert nicht lange, bis sie sich selbst versorgen können.

Der Mensch ist ein zutiefst verletzliches Wesen. Daher haben wir ein sehr hohes Bedürfnis nach Sicherheit und Schutz. Wir Menschen sind Bindungswesen. Dadurch haben wir auch ein hohes Interesse an Kooperation. Denn instinktiv wissen wir, dass wir Unterstützung brauchen und daher ganz natürlich helfen wollen, um zum Leben der anderen beizutragen.

**3. Menschen tun zu jedem Zeitpunkt das Beste, was ihnen in diesem Moment zur Verfügung steht.** [8]
Wir tun die Dinge immer so gut wie wir im Augenblick können. Dabei wollen wir niemals mit Absicht destruktiv sein. Wir wollen andere oder uns selbst nicht verletzen. Grundsätzlich möchten wir, dass es harmonisch ist. Wir wollen Lebensfreude erfahren.

Selbstverständlich weißt du, dass die Umsetzung nicht immer unseren Idealvorstellungen entspricht. Manchmal sind wir frustriert. Wir sehen, dass ein Bedürfnis nicht erfüllt werden kann und werden wütend.

---

7 *Vgl. ebd.*

8 *Vgl. ebd.*

Weil wir nicht wissen, wie wir diese Situation friedlich klären können, greifen wir auf die Strategien zurück, die wir kennen.

Dabei ist Sprache eine Strategie, die wir verwenden können, um Konflikte zu lösen und unsere Bedürfnisse auszudrücken. Haben wir diese Strategie nicht erlernt, neigen wir dazu Gewalt anzuwenden, um unsere Bedürfnisse zu erfüllen. Denn die Erfüllung unserer Bedürfnisse sichert unser Überleben.

Mit der Gewaltfreien Kommunikation erlernst du eine neue Strategie, mit der du verstehst, deine Bedürfnisse friedlich und auf konstruktive Weise zu erfüllen.

## Ziele der Gewaltfreien Kommunikation

Bei der GFK geht es nicht darum, Konflikte zu vermeiden. Es geht darum, Konflikte zu nutzen, um das darunterliegende Bedürfnis zu bergen, wie einen Schatz. Denn sind die Bedürfnisse erfüllt, wird das Leben leicht und die Lebensqualität verbessert sich.

Wir schaffen es, trotz Streitigkeiten in Beziehung zu bleiben. Dabei haben wir die Möglichkeit, eine tiefe Verbindung zu uns selbst und unseren Mitmenschen zu erleben.

**Mit Gewaltfreier Kommunikation werden Beziehungen gestärkt, gefestigt und vertieft.**

Das Konzept der Gewaltfreien Kommunikation ermöglicht es Menschen, Brücken zu bauen, wo vorher Schluchten waren. Sie verbindet, anstatt zu trennen. Damit entspricht die GFK unseren zutiefst verwurzelten Bedürfnissen nach Bindung, Wachstum, Respekt, Entwicklung und Lebendigkeit.

Ein großes Ziel der GFK ist es, dem Leben und allem zu dienen, was lebendig ist. Dadurch wird eine machtvolle Energie freigesetzt, die Lebensfreude und Lebensqualität signifikant erhöhen. Seelische Schmerzen, Probleme und Konflikte können einfühlsam verstanden, bearbeitet und aufgelöst werden.

Nutze die wertvolle Methode der Gewaltfreien Kommunikation, um mit dir selbst und deinem Kind die nährende Beziehung aufzubauen und aufrechtzuerhalten, die ihr verdient.

Gerade in Konfliktsituationen ist die GFK hervorragend geeignet, respektvoll in Kontakt zu kommen und zu bleiben. Das vertieft die Beziehung, schafft Vertrauen und fördert Wachstum. Wenn es zu einer Unterbrechung der Beziehung kommt, beispielsweise hervorgerufen durch Konflikte, dann kann die Gewaltfreie Kommunikation dazu beitragen, den Kontakt wiederherzustellen.

Gewaltfreie Kommunikation ermöglicht Wachstum und Weiterentwicklung. Das sensibilisiert für die eigenen Gefühle und Bedürfnisse. Dadurch lernen wir, uns besser zu verstehen.

Kinder, mit denen gewaltfrei kommuniziert wird, sind glückliche, freie und autonome Kinder. Außerdem wirkt sich die GFK positiv auf die soziale Interaktionsfähigkeit des Kindes aus. Die Kinder lernen von Anfang an einen respektvollen Umgang, der auf Einfühlungsvermögen beruht. Sie lernen, sich selbst wahrzunehmen, zu verstehen und zu sagen, was sie brauchen. Darüber hinaus lernen sie auch, ihr Umfeld besser zu verstehen.

**Die Ziele der GFK sind gleichzeitig unsere größten Bedürfnisse:**

- eine Balance von Geben und Nehmen herstellen
- in Verbindung / in Kontakt sein
- sich mit seinen Bedürfnissen zeigen können
- die Erlaubnis, Bedürfnisse zu haben, zu äußern und zu befriedigen
- ein offenes Miteinander pflegen
- leichte Lösungen finden
- Versöhnung schaffen
- Beziehung statt Erziehung [9]

9 *Vgl. Jesper Juul: Aus Erziehung wird Beziehung. Herder, 2015, S. 9.*

# Von Giraffen und Wölfen

Marshall Rosenberg, der Begründer der Gewaltfreien Kommunikation, bedient sich einer bildhaften Sprache, um sein Konzept zu vermitteln. Dadurch können abstrakte Theorien besser verstanden werden. Denn eine bildhafte Sprache und Metaphern sprechen die rechte Gehirnhälfte an. Das ist der emotionale Teil des Gehirns. Wenn du deinem Kind zum Beispiel das Prinzip der GFK erklärst, dann sprich in Bildern und Metaphern. Jedes Kind und jeder Erwachsene wird diese einfache bildhafte Sprache verstehen. Deshalb funktionieren Märchen und Geschichten so gut, anhand derer wir die Welt besser verstehen lernen.

Dabei sind Sprache, Denkprozesse und Logik in der linken Gehirnhälfte verankert. In der Gewaltfreien Kommunikation verbinden wir beide Aspekte miteinander. Gefühle und Sprache.

Bei der GFK lernst du im Grunde genommen, Wölfe zu zähmen.[10] Ein Wolf ist ein Mensch, der Schwierigkeiten mit der Kommunikation hat. Es gibt Menschen, die manchmal zum Wolf werden und dann die Wolfsprache sprechen. Das kann fast jeden betreffen. Deinen Chef, Lehrer, Ärzte, deinen Partner, dein Kind oder dich selbst.

Die Wolfsprache ist eine kühle Kopfsprache, die wir uns auf unnatürliche Weise angeeignet haben und die uns von unserer wahren Natur entfremdet. Wolfsprache entfernt uns von unseren eigenen Bedürfnissen und sorgt für Trennung. Die Wolfsprache wird auch manchmal als Behörden- oder Beamtensprache bezeichnet. Sie ist immer dann aktiv, wenn gesellschaftliche Regeln, Gesetze und Bestimmungen über unsere menschlichen Bedürfnisse und Werte gestellt werden.

Die Giraffensprache hingegen ist eine Sprache des Herzens. Bei der GFK lernen wir, aus Wölfen Giraffen zu machen. Eine Giraffe hat ein riesiges Herz und kaum natürliche Feinde. Sie lebt friedlich und im Einklang mit ihrer wahren Natur.

So lernen auch wir, im Einklang mit unserer waren Natur zu leben, wenn wir die Giraffensprache sprechen und mit Giraffenohren zuhören. Denn es liegt in unserer Natur, von Herzen zu geben und zu nehmen.

---

10 *Vgl. Marshall B. Rosenberg: Konflikte lösen durch Gewaltfreie Kommunikation. Herder, 2012, S. 9.*

## Die Merkmale der Wolfsprache

Wolfsprache zeichnet sich durch **Forderungen** aus:

*„Wenn du das nicht tust, dann musst du mit folgender Konsequenz rechnen."*

Wölfe machen Fehler, denn sie leben in einem Bewusstsein, in dem es Fehler gibt. Das führt dazu, dass sie andere Menschen und sich selbst bewerten und verurteilen. Versagensängste oder die Angst, nicht zu genügen, können schmerzhafte Folgen sein. Sie führen negative Selbstgespräche, die sich zu selbsterfüllenden Prophezeiungen entwickeln und ihre destruktive Denkweise bestätigen.

Wenn sie wütend werden, dann **drohen**, **befehlen**, **warnen**, **mahnen** und **kommandieren** sie. Wölfe **moralisieren** und **predigen**, denn sie wissen, was **richtig und falsch** ist. **Vergleichen**, **(ver)urteilen**, **lächerlich machen**, **beschimpfen** und **manipulieren** gehören zu den typischen Merkmalen einer gewaltvollen Kommunikation.

Manchmal trifft man auch auf Wölfe, die im Schafspelz herumlaufen. Diese getarnten Wölfe erkennt man nicht immer gleich auf Anhieb.

Wölfe im Schafspelz:
- sind immer nett
- möchten Konflikte so gut es geht vermeiden
- sagen Ja, wenn sie Nein meinen
- würden dir niemals eine Bitte abschlagen
- erfüllen deine Wünsche immer mit einem Lächeln im Gesicht
- kennen ihre Bedürfnisse nicht
- tun alles, was du willst

Manchmal eignen wir uns Verhaltensweisen der „Wölfe im Schafspelz" an oder verfallen in die Wolfsprache, obwohl wir das gar nicht wollen. Das geschieht, wenn wir uns zum Beispiel unsicher fühlen, Angst vor Ablehnung haben oder dazugehören wollen. Das ist ein ganz natürliches Verhalten. Schließlich ist es ein tiefes Bedürfnis, zur Gemeinschaft zu gehören. Wir wollen uns selbst oder anderen nicht mit Absicht schaden. Denke daran, dass wir alle Dinge immer aus einem guten Grund tun.

Wenn du eine oder mehrere der oben beschriebenen Eigenschaften an dir selbst beobachtest, kann das ein guter Weg sein, dich selbst besser kennenzulernen.

- In welchen Situationen sagst du Ja, wenn du Nein meinst?
- Tust du manchmal Dinge, die du überhaupt nicht willst?
- Welches Bedürfnis erfüllst du dir damit?

Es ist wichtig, dass du deine eigenen Bedürfnisse genauso wichtig nimmst wie die Bedürfnisse der anderen. Wenn du zu oft Dinge tust, um die Bedürfnisse der anderen zu erfüllen, könnte das dazu führen, dass du unzufrieden wirst.

Hinweis:
Es ist schon fast die Königsdisziplin, den Mittelweg zu finden. Beobachte neugierig deine Verhaltensweisen in bestimmten Situationen. „Aha, so verhalte ich mich manchmal." Das ist okay! Wir sind keine perfekten Roboter, sondern verletzliche Menschen mit einer hochkomplexen Gefühlswelt. Gleichzeitig sind der Selbsterkenntnis und persönlichen Weiterentwicklung keine Grenzen gesetzt.

*„Wenn Du es träumen kannst, dann kannst Du es auch tun."*[11]

Walt Disney

Bedauerlicherweise sind „liebe" Kinder für gewöhnlich in unserer Gesellschaft gerne gesehen. Die Gefahr des Nettseins ist allerdings, dass die eigenen Bedürfnisse den Bedürfnissen der anderen untergeordnet und zurückgestellt werden. Selbstverständlich sind solche Menschen durchaus bequem für ihre Umwelt. Aber haben sie denn keine eigenen Bedürfnisse? Natürlich! Denn wir alle haben Bedürfnisse. Wer sich immer nur auf die Bedürfnisse anderer Menschen einstellt, ist nicht altruistisch (selbstlos), sondern handelt selbstzerstörerisch. Burn-out und Depressionen können die Folgen eines angepassten und netten Verhaltens sein.

In der Philosophie der Gewaltfreien Kommunikation sind die eigenen Bedürfnisse genauso wichtig, wie die der anderen. Sie sind gleichwertig.

### Ratschläge

Ratschläge erteilen, Lösungen anbieten, belehren und bewerten gehören zu den Merkmalen, auf die du achten kannst. Diese Eigenschaften mögen auf den ersten Blick auch nicht als typisches Merkmal der Wolfsprache erscheinen.

---

11 *Zitate EU, https://www.zitate.eu/author/disney-walter-elias-walt/zitate/124790, (abgerufen am 20.08.2019)*

Warum ist es beispielsweise hinderlich, Ratschläge zu geben und Lösungen anzubieten? Oder anderen etwas abzunehmen, was sie eigentlich selbst tun könnten?

All diese Handlungen entspringen unserem natürlichen Bedürfnis, anderen Menschen zu helfen. Allerdings führen diese Wege in die entgegengesetzte Richtung. Sie hindern im Grunde die Weiterentwicklung und schwächen unser Gegenüber.

Wenn wir Menschen Dinge abnehmen, die sie selbst tun könnten, schwächen wir damit das Selbstwertgefühl. Sowohl unser eigenes als auch das Selbstwertgefühl unseres Gegenübers.

Lösungen anzubieten, wenn jemand mit Problemen zu dir kommt, ist nicht hilfreich und keine empathische Strategie. Denn jede Lösung, die du für andere hast, ist eigentlich deine Lösung.

Ratschläge sind Schläge, auch wenn sie gut gemeint sind. Auch hier wird dem Gegenüber die Fähigkeit aberkannt, selbst eine Lösung zu finden, die ihm möglicherweise viel mehr entsprechen und seine Bedürfnisse besser erfüllen könnte.

**Statische Sprache**
*„**Immer** bist du so unaufmerksam."*
*„**Nie** kann ich dir etwas recht machen."*
*„Peter **ist** ein unordentlicher Mensch."*
*„Ich kann das nicht."*
*„Das macht **man** nicht."*

Diese Aussagen basieren auf Vorurteilen und lassen vermuten, dass bestimmte Verhaltensweisen einfach zum Wesen des Menschen gehören.

Das Leben befindet sich allerdings im ständigen Wandel und ist kein statisches Phänomen, sondern ein Prozess.

Darüber hinaus geht es nicht darum, was **man** macht oder nicht. Niemand weiß wirklich, wer dieser **man** eigentlich ist. Es geht darum, was **du** machst oder nicht machst. Was **du** dir wünschst oder möchtest.

Die beziehungsfördernde Alternative für *„das macht man nicht"* wäre in der GFK zum Beispiel:
*„**Ich** möchte nicht, dass wir das so machen,* (Beobachtung)
*denn ich **fühle** mich damit unwohl,* (Gefühl)

*weil mir* (**Bedürfnis**) *wichtig ist.*
*Stattdessen kann ich mir vorstellen, es* ***so*** *zu tun."* (Bitte)

**Sollen und Müssen**
Weitere typische Wörter für die Wolfsprache sind: **soll** und **muss**. Es ist nicht so, dass in der Gewaltfreien Kommunikation diese Worte „verboten" sind. Im Grunde geht es bei der GFK überhaupt nicht darum, dass irgendetwas verboten ist. Es geht um einen achtsamen Umgang mit Sprache und der daraus resultierenden Energie.

Stell dir vor, du stehst morgens mit folgender Haltung auf:
„Jetzt muss ich aufstehen. Ich muss Frühstück zubereiten. Dann müssen sich die Kinder anziehen und ich muss sie zur Schule bringen, bevor ich zur Arbeit fahren muss."

Mit dieser Einstellung wirst du dich höchstwahrscheinlich nicht sonderlich motiviert fühlen, den Tag zu beginnen. Wenn du Lust hast, auszuprobieren, wie du dich nach einem „Muss" fühlst und womit du dieses Wort ersetzen kannst, lade ich dich ein, die Übung „Müssen vs. Wollen" im Kapitel „Übungen" auszuprobieren.

**Vergleiche**
Vergleiche wirken sich schwächend auf unser Selbstbewusstsein und auf das Selbstwertgefühl aus. Da wir individuelle Wesen mit unterschiedlichen Interessen und Bedürfnissen sind, ist es sinnlos, uns miteinander zu vergleichen.

Es gibt sicherlich Faktoren, die sich vergleichen lassen, solange diese Vergleiche wertungsfrei erfolgen:
*„Paul ist größer als Lisa."*
*„Ich habe eine kürzere Nase als mein Freund."*
*„Lucia hat in der Mathearbeit eine 1 und Tom hat eine 4."*

In der Gewaltfreien Kommunikation geht es nicht darum, wer besser oder schlechter ist. Das würde bedeuten, dass es einen Status quo gäbe, der besagt, was gut und was schlecht ist. Das ist allerdings eine Illusion.

Selbst wenn Tom in Mathematik eine vier hat, sagt das nichts darüber aus, ob er gut oder schlecht in diesem Fach ist. Viele Faktoren spielen dabei eine Rolle. Hat er sich an dem Tag der Mathearbeit vielleicht schlecht gefühlt? Vielleicht stimmt die Chemie zwischen ihm und dem Lehrer nicht?

**Schuld, Recht und Fehler**

Wir sind es gewohnt, bei Konflikten den Schuldigen zu finden. Jemand hat einen Fehler gemacht oder war im Recht. Dabei konzentrieren wir uns auf den Vorfall und wägen anhand unserer Bewertungsmuster ab, wer Recht hat und wer nicht.

Dabei ist es üblich, dass bestimmte Werte verallgemeinert werden:
*„Du sollst nicht stehlen."*
*„Du sollst nicht schlagen."*

Das sind zwei durchaus sinnvolle Regeln unserer Gesellschaft. Trotzdem kommt es vor, dass Dinge gestohlen werden und Gewalt angewendet wird. Die Schuldigen müssen bestraft werden. Leider vergessen wir dabei einen wichtigen Aspekt: die Ursache.

Natürlich wollen wir in Frieden und Harmonie zusammenleben. Unerwünschte Verhaltensweisen zu verbieten und als schlecht zu verurteilen, ist leider nicht ausreichend, um diesen erwünschten Zustand von Harmonie herzustellen.

**Formen verbaler Gewalt**

- Vergleiche
- Kritik
- Bewertung
- Verurteilungen
- Forderungen
- Beschuldigungen
- Verallgemeinerungen
- Korrigieren

## Die Merkmale der Giraffensprache

Bei der Gewaltfreien Kommunikation finden wir Worte, um zu beschreiben, was in uns vorgeht. Dabei **beschreiben wir Situationen, benennen Gefühle, äußern Bedürfnisse und formulieren Bitten.**

Die Giraffensprache befähigt uns, in unterschiedlichen Situationen friedlich zum Ausdruck zu bringen, was gerade ist. Dabei ist es egal, um welche Situation es sich handelt. Wir folgen einem bestimmten Muster, welches ich im folgenden Kapitel genau vorstellen werde.

Friedlich bedeutet, dass wir unser Gegenüber nicht beschuldigen, angreifen, manipulieren, beschämen oder für unsere Gefühle verantwortlich machen. In der GFK übernehmen wir die Verantwortung für unsere eigenen Gefühle und drücken uns so aus, dass der andere die Chance hat, uns wirklich zu verstehen.

Dafür ist es hilfreich, wenn wir uns zunächst selbst verstehen.

Mithilfe von **Selbstempathie** erkennen wir unsere derzeitigen Gefühle. Wir wissen, was wir im Moment brauchen und wo unsere persönlichen Grenzen sind. Das Elterndasein ist nicht immer nur eine freudige Angelegenheit, sondern auch eine echte Herausforderung. Daher ist es hilfreich, wenn du deine persönlichen Grenzen (er)kennst, damit du rechtzeitig gegensteuern kannst, bevor deine Kraftreserven aufgebraucht sind.

Um die Giraffensprache zu erlernen ist es wichtig, dass du herausfindest, was deine **Bedürfnisse** sind. Im praktischen Teil am Ende dieses Buches findest du eine Übung, die dir dabei hilft, deine Bedürfnisse wahrzunehmen. Wenn du deine eigenen Bedürfnisse besser kennenlernst, wird dir das auch dabei helfen, andere Menschen zu verstehen. Außerdem hilft es dir dabei zu erkennen, was in deinem Kind oder in deinem Partner vorgeht, um entsprechend darauf einzugehen.

Um die Giraffensprache anzuwenden, brauchst du allerdings nicht darauf zu warten, bis Krisen auftreten, weil ein Bedürfnis nicht erfüllt ist. Es ist immer ein schönes Erlebnis für alle Beteiligten, wenn du ausdrückst, wie gut es dir gerade geht oder wie sehr du dich freust.

Lebendigkeit und Freude zu teilen, stärkt die Beziehung.

Eine Giraffe erwartet vom anderen nur dann, dass er ihr Bedürfnis erfüllt, wenn er es auch wirklich selbst will.

Die Giraffenhaltung zeichnet sich durch ein hohes Maß an Einfühlungsvermögen aus. Denn Giraffen haben ausgesprochen große Herzen. Es geht langsam und gemächlich zu in der Giraffenwelt. Diese Energie ist verständnisvoll, liebevoll, weich, warm und nimmt alles an, was ist.

Das heißt allerdings nicht, dass Ärger, Wut und Frustration nicht erlaubt sind. Es gibt keine guten oder schlechten Emotionen. In der beziehungsfördernden Kommunikation sind alle Gefühle erlaubt und dürfen sein.

Wenn sich die Giraffe mal ärgert und wütend ist, würde sie niemals auf den Gedanken kommen, die anderen Giraffen für ihren Schmerz verantwortlich zu machen.

Eine Giraffe übernimmt die Verantwortung für ihre eigenen Gefühle.

Die Giraffe ist sehr weise. Sie weiß, dass ihre Gefühle durch ihre unerfüllten Bedürfnisse und ihre eigenen Gedanken entstehen und nicht durch die Worte und Handlungen der anderen Giraffen. Deshalb schreit sie zwar manchmal, wenn sie wütend ist. Aber auf giraffisch. Das heißt, sie schreit laut heraus, welchen Schmerz sie gerade fühlt. Sie schreit ihre momentanen Bedürfnisse und das, was sie braucht, in die Welt. Keine Schuldzuweisungen oder Kritik. Nur Gefühle und Bedürfnisse.

Ein Bedürfnis zu haben bedeutet nicht, bedürftig zu sein. Es ist ein natürlicher Schatz, den wir alle in uns tragen. Bedürfnisse werden in der GFK als wertvolle Geschenke wahrgenommen, an denen du dich selbst und die anderen sich erfreuen können.

Denn die Grundhaltung der Giraffe ist, dass es Menschen glücklich macht, wenn sie von Herzen geben und an der Bereicherung anderer Menschen teilhaben.

Giraffen urteilen und beurteilen die Dinge nur danach, ob sie dem Leben dienen oder nicht. Hierbei liegt ihnen nichts daran, den Schuldigen oder den Fehler zu finden. Denn sie wissen, dass diese Verhaltensweise ganz und gar nicht dem Leben dient, sondern Lebendigkeit abschwächt und die natürliche zwischenmenschliche Verbindung unterbricht.

# Das Fundament und die vier Säulen der Gewaltfreien Kommunikation

Das Konzept der Gewaltfreien Kommunikation besteht aus vier Komponenten:

1. Beobachten
2. Gefühle
3. Bedürfnisse
4. Bitte

Wenn du erstmal die zugrunde liegende Philosophie der GFK verinnerlicht hast, dann wird es dir leichter fallen, diesem Gesprächsmuster zu folgen. Am Anfang ist es hilfreich, sich an den vier Schritten zu orientieren. Später kannst du damit spielerisch variieren, wenn du ein Gefühl für die gewaltfreie Haltung entwickelt hast.

Es ist, als würdest du eine ergänzende Sprache lernen.

Anfangs kann es sich ein wenig ungewohnt anfühlen, so zu sprechen und auf dich und andere befremdlich wirken. Mit ein wenig Übung und Geduld wirst du im Laufe der Zeit sicherer und du wirst die GFK in deine natürliche Sprache integrieren.

Bis auf wenige Ausnahmen sind die eigentlichen Worte bei der GFK nicht so ausschlaggebend. Es geht vielmehr darum, mit einer beziehungsfördernden Haltung die zwischenmenschliche Beziehung aufrechtzuerhalten.

Dabei hast du gleichzeitig die Möglichkeit, eine tiefe Verbindung zu deinen eigenen Gefühlen und Bedürfnissen herzustellen. Das ist vor allem dann sehr hilfreich, wenn du mit Herausforderungen konfrontiert bist und an deine eigenen Grenzen kommst.

**In den Kapiteln „Selbstempathie", „Selbstliebe" sowie „Selbstfürsorge Impulse" findest du Anregungen, die dir dabei helfen, dich selbst mit liebevollem Mitgefühl zu versorgen, wenn deine Kraftspeicher aufgebraucht sind.**

## Das Fundament der Gewaltfreien Kommunikation

Das Konzept der Gewaltfreien Kommunikation steht auf einem Fundament, welches aus zwei wesentlichen Kernfragen besteht:

1. **Welche lebendigen Anteile beobachtest du in dir selbst?**
2. **Was brauchst du, um deine Lebensqualität zu verbessern und dein Leben zu bereichern?** [12]

Was war das für ein Gefühl, als dein Kind geboren wurde? Hast du dich da lebendig gefühlt? Wenn du deiner Leidenschaft nachgehst, beispielsweise deinem Hobby, dann fühlst du dich lebendig. Wenn dein Kind voller Freude aufspringt, um sich mit seinem neuen Spielzeug zu beschäftigen, dann ist das ein Ausdruck von Lebendigkeit. Wenn die Augen leuchten, dann weißt du, dass du den lebendigen Anteilen auf der Spur bist.

Im Grunde spiegeln unsere lebendigen Anteile unsere Bedürfnisse wider. Etwas, wobei unser Herz höher schlägt, was wir gerne erleben oder entdecken wollen. Manchmal ist es auch eine Fähigkeit, die wir weiterentwickeln wollen. Das Bedürfnis nach Weiterentwicklung ist ein sehr lebendiger Anteil in jedem von uns.

Durch die Anwendung der Gewaltfreien Kommunikation beantwortest du die beiden Fragen in jeder Situation ohne Bewertung und Kritik völlig authentisch und ehrlich. Denke daran, dass das den Idealzustand beschreibt. An manchen Tagen wird es dir spielend leicht gelingen, dies zu tun.

Es wird sicherlich auch Situationen geben, in denen du nicht perfekt gewaltfrei kommunizierst. Das ist völlig okay!

Es ist wichtig, gerade in schweren Momenten liebevoll und gütig mit dir selbst du sein. Für gewöhnlich sind wir nicht mit einer beziehungsfördernden Sprache aufgewachsen und es fällt uns nicht immer leicht, diese Art der Kommunikation zu praktizieren. Selbst der Begründer der GFK hat viele Jahre geübt, bis es ihm leichtfiel.

*„Eine Gewohnheit kann man nicht einfach zum Fenster hinauswerfen; man muss sie Stufe für Stufe die Treppe hinunterlocken."*

Mark Twain

---

12 *Vgl. Marshall B. Rosenberg: Konflikte lösen durch Gewaltfreie Kommunikation. Herder, 2012, S. 27.*

Das Prinzip der vier Säulen der Gewaltfreien Kommunikation beispielhaft dargestellt:

**1. Äußere klar deine Beobachtung anhand der Fakten und ohne Bewertung und Kritik:**
*„Deine Jacke hängt nicht am Kleiderhaken, sie liegt auf dem Fußboden."*

Dinge, die beobachtet werden können:
Beschreibe, was du sehen, hören, riechen oder schmecken kannst.
Beschreibe, was konkret gesagt beziehungsweise getan wird/wurde.

Dinge, die nicht beobachtet werden können:
Bei einer beziehungsfördernden Beobachtung fließen keine Interpretationen mit ein. Ich kann beispielsweise nicht beobachten, wie sich jemand anderes fühlt oder was er gemeint hat.

**2. Beschreibe, welches Gefühl du in dieser Situation hast:**
*„Ich fühle mich erholt, erleichtert, schwermütig, wehmütig, …"*

**3. Sage, was du brauchst (Bedürfnis):**
*„Damit ich mich zufrieden fühle, brauche ich Ordnung."*

**4. Formuliere eine Bitte, die eine konkrete Handlung beinhaltet:**
*„Bitte hänge deine Jacke an den Kleiderhaken."*

Die vier Säulen der Gewaltfreien Kommunikation im Detail:

## 1. Säule: Beobachten

Beobachte, was du siehst und halte dich an die Fakten. Dabei bist du völlig frei von jeglicher Bewertung und Interpretation. Beim Beobachten geht es ausschließlich um nackte Tatsachen. Situationen, Handlungen und Worte werden ohne Bewertung und Interpretation beobachtet.

Beschreibe, was die andere Person konkret tut oder getan hat beziehungsweise was gesagt wurde. Wir gehen davon aus, dass diese Aktion dich in irgendeiner Form in deiner Lebensqualität eingeschränkt hat.

Hierbei ist es wichtig, dass du deine eigene Meinung, Interpretation und Reaktion mit dem tatsächlich Gesagten nicht vermischst.

**Beispiele für klare Beobachtungen**
*„Die Bausteine liegen im Spülbecken."*
*„Das Glas ist heruntergefallen und zerbrochen."*
Was genau beobachtest du in diesem Moment? Objektiv!

**Beispiel Bewertung**
Charlotte malt ein Bild. Die Mama kommt zur Tür herein und sagt:
*„Charlotte, du malst ein schönes Bild!"*

Die objektiv wahrgenommene Handlung wäre, dass Charlotte ein Bild malt. Die Tatsache, dass die Mama es schön findet, ist ihre Bewertung des Bildes. Wenn sie Charlotte mitteilt, dass sie ein „schönes" Bild malt, dann hat sie die objektive Beobachtung mit ihrer individuellen Bewertung vermischt.

Wenn Charlottes Mama klar kommuniziert, was sie beobachtet und ihre Bewertung getrennt kommuniziert, dann könnte das so aussehen:

Objektive Beobachtung:
*„Du malst ein Bild."*

Individuelle Bewertung:
*„**Ich** finde es schön."* (im Gegensatz zu *„es **ist** schön"*)
Oder: *„Dein Bild gefällt mir."*
Oder: *„Mir gefallen besonders die leuchtenden Farben, die du dafür verwendet hast."*

Damit teilt sie ihre eigene Meinung zum Bild mit, ohne Charlotte ihre Bewertung „überzustülpen". Stattdessen gibt sie Charlotte den Freiraum, ihre eigene Meinung zu haben. Denn was wäre, wenn Charlotte selbst das Bild nicht schön findet?

**Beispiel Interpretation**
Sophie kommt von einem anstrengenden Arbeitstag nach Hause und freut sich schon den ganzen Tag darauf, ein entspannendes heißes Bad zu nehmen. Sie öffnet die Wohnungstür, hängt ihre Jacke hin, legt ihre Tasche ab und läuft schnurstracks Richtung Badezimmer. Dort angekommen sieht sie, dass alle Spielsachen ihrer Tochter in der Badewanne und auf dem ganzen Boden verteilt sind, sodass sie kaum einen Fuß vor den anderen setzen kann.

Sie geht ins Kinderzimmer und spricht Emily darauf an.

Was glaubst du, wird sie sagen?
Was genau hat sie beobachtet?

Im ersten Schritt der GFK würde sie lediglich ihre Beobachtungen mitteilen:
*„Deine Spielsachen liegen im Badezimmer auf dem Fußboden und in der Badewanne."*

Hierbei gibt es noch keinerlei Interpretation, keine Analysen, Deutungen oder Gefühle. Nur die reine Beobachtung.

Wenn Sophie ihre Beobachtung, ihre Gefühle und Bewertung vermischt, könnte das in etwa so aussehen:
*„Ich bin wütend, weil du deine Spielsachen im Badezimmer verteilt hast."* (Gefühl vermischt mit Beobachtung)
*„Du bist unordentlich!"* (Interpretation vermischt mit Beobachtung)

Die Tatsache ist lediglich, dass die Spielsachen von Emily im Badezimmer und in der Badewanne verteilt sind. Ordnung und Unordnung sind Interpretationen und gründen sich auf dem eigenen Empfinden. Dabei können unterschiedliche Menschen dieselbe Situation völlig unterschiedlich bewerten. Es mag dir am Anfang vielleicht nicht immer leichtfallen, deine Beobachtungen vollkommen neutral und klar zu beschreiben. Wir neigen dazu, Gefühle und Beobachtungen zu vermischen. Oder wir bewerten, interpretieren und verallgemeinern.

Übe daher die wertungsfreie Beobachtung spielerisch, damit du dich daran gewöhnst. Mit der Zeit wirst du deine Beobachtungen sicherer formulieren können.

**Eine Übung für die Beobachtung findest du am Ende des Buches.**

- **Beobachtungen sind wertungsfrei.**
- **Achtung, Verwechslungsgefahr: Beobachtungen sind keine Interpretationen, Urteile und Bewertungen!**
- **Verhalten, Worte und Körperreaktionen sind beobachtbare Tatsachen.**
- **Dagegen kannst du die Gedanken, Bedürfnisse, Gefühle, Charaktereigenschaften und Motive anderer Menschen nicht beobachten. Das wäre eine Interpretation.**

**Beispiele: Interpretation vs. Beobachtung**
Interpretation: *„Der Mann zieht stark an der Leine des Hundes."*
Beobachtung: *„Der Mann zieht an der Leine des Hundes, sodass der Hund das Gleichgewicht verliert."*

Interpretation: *„Sie ist dumm."*
Beobachtung: *„Sie hat die Matheaufgabe nicht korrekt gelöst. Sie kannte nicht die Hauptstadt von England."*

Interpretation: *„Immer bist du so egoistisch."*
Beobachtung: *„Du hast mich gestern im Kino nicht gefragt, ob ich etwas von deinem Popcorn haben möchte."*

Interpretation: *„Er ist verschlafen und faul."*
Beobachtung: *„Heute Morgen ist er um 10 Uhr aufgestanden, obwohl sein Wecker um 7 Uhr geklingelt hat."*

**Quiz: Beobachtung oder Interpretation?**
Kreuze die Beobachtung an. Wenn es sich um keine Beobachtung handelt, unterstreiche die Interpretation. Welche der Aussagen sind beobachtbare Tatsachen?

1. Ich habe gestern den ganzen Tag versucht, dich zu erreichen.
2. Ich habe gestern 10 Mal versucht, dich anzurufen.
3. Ich war heute Morgen beim Einkaufen und habe Äpfel besorgt.
4. Du hast die Katze getreten.
5. Du hast der Katze wehgetan.
6. Wir sind verrückt.
7. Er sieht mich immer so komisch an.
8. Wir haben einen Spaziergang am Fluss gemacht.
9. Du hast dein Zimmer nicht aufgeräumt.
10. Du möchtest noch mit dem Fahrrad fahren.
11. Du bist traurig.
12. Du weinst.
13. Das hast du mit Absicht gemacht.

Hinweis:
Beobachtung von der Bewertung bzw. Interpretation trennen.
Sage nicht, wie jemand ist. Beobachte, was du siehst. Lass dafür bei Beobachtungen das Verb „sein" weg.

Versuche zu beschreiben, was du erlebst, ohne „sein“ und alle daraus abgewandelten Formen zu verwenden (du bist, er ist, wir sind, ihr seid, sie sind).

**Die Auflösung zum Quiz findest du am Ende des Buches.**

## 2. Säule: Gefühle

Gefühle sind Ausdruck unserer Lebendigkeit und weisen immer auf unsere Bedürfnisse hin. Bei unerfüllten Bedürfnissen erleben wir schmerzhafte Gefühle. Sind unsere Bedürfnisse hingegen erfüllt, entstehen freudige Gefühle.

Wie bei den Beobachtungen neigen wir auch bei unseren Gefühlen dazu, diese zu bewerten. Dabei unterscheiden wir für gewöhnlich gute und schlechte Gefühle.

Wenn etwas für uns nicht funktioniert, wollen wir das Problem lösen. Das liegt an der Funktionsweise unseres Gehirns. Denn das Gehirn strebt nach angenehmen Gefühlen wie Freude, Glück, Zufriedenheit, Ekstase und so weiter. Gleichzeitig will es unangenehme Gefühle, die Schmerz verursachen, um jeden Preis vermeiden.

Wenn wir zum Beispiel Angst haben, dann aus dem Grund, weil unser Gehirn uns vor Gefahren schützen will. Das alles geschieht in der Regel unbewusst, basierend auf automatisch ablaufenden Programmen in unserem Gehirn. Wir bewerten Situationen also danach, ob sie uns Freude bereiten oder Schmerz verursachen.

### Alles darf sein

In der Gewaltfreien Kommunikation dürfen alle Gefühle sein. Es ist hilfreich, deine Gefühle wie einen Kompass zu benutzen, der dir die Richtung zeigt.

Deine Gefühle zeigen dir, dass du lebendig bist. Gefühle, die dir Freude bereiten, zeigen dir, was du magst, was dir gefällt. Es ist unser natürliches Bedürfnis, diese Gefühle vermehren zu wollen. Die Gewaltfreie Kommunikation unterstützt dich in diesem natürlichen Bedürfnis, Freude zu empfinden.

Schmerzhafte Gefühle entstehen, wenn etwas für uns nicht funktioniert. Dann sind wir frustriert. Wenn wir uns von etwas getroffen und berührt fühlen, hat das immer mit eigenen unerfüllten Bedürfnissen zu tun. Immer, wenn du schmerzhafte Gefühle empfindest, ist das ein direkter Hinweis darauf, dass gerade eines oder mehrere Bedürfnisse nicht erfüllt sind.

Gefühle entstehen abhängig davon, ob deine Bedürfnisse erfüllt sind oder nicht. Je nachdem entwickeln sich in dir entweder Gefühle, die schmerzhaft sind oder Freude auslösen.

Das heißt, so wie es dir weh tut, wenn du dich an einer Flamme verbrennst, so weh tut es dir, wenn ein Bedürfnis nicht erfüllt ist. Es zeigt dir an, was fehlt und dass du daran etwas ändern kannst, um dich wieder lebendig zu fühlen.

**Sind deine Bedürfnisse erfüllt, oder nicht?**
Je nachdem, ob deine Bedürfnisse erfüllt sind oder nicht, entstehen dementsprechend bestimmte Gefühle.

Gefühle, die entstehen, wenn deine Bedürfnisse erfüllt sind, verursachen Freude. Dazu gehören Gefühle wie Erleichterung, Freiheit, Euphorie, Sorglosigkeit, Mut, Stärke und so weiter.

Wenn Bedürfnisse nicht erfüllt sind, entstehen Gefühle wie Furcht, Ekel, Abscheu, Unsicherheit, Druck, Eifersucht, Müdigkeit, Widerwillen, Zweifel, Sehnsucht und so weiter.

Es gibt neben den echten Gefühlen die Pseudo-Gefühle.[13] Die wahren Gefühle verstecken sich hinter den Pseudo-Gefühlen. Oft benutzen wir in unserem Sprachgebrauch Pseudo-Gefühle, wenn wir noch nicht so geübt sind, unsere wahren Gefühle zu beschreiben.

Pseudo-Gefühle sind zum Beispiel:
*„Ich fühle mich inkompetent."*
*„Ich habe das Gefühl, dass du es nicht ernst mit mir meinst."*
*„Ich habe das Gefühl, dass dein Kinderzimmer zu unordentlich ist."*

Das sind keine Gefühle, sondern Gedanken, Bewertungen oder Interpretationen. Gedanken können Gefühle auslösen. In den meisten Fällen sind sogar unsere Gedanken dafür verantwortlich, wie wir uns fühlen. Du kannst aktiv darauf Einfluss

---

13 *Vgl. Marshall B. Rosenberg: Gewaltfreie Kommunikation – Eine Sprache des Lebens. Junfermann, 2016, S. 51 ff.*

nehmen, was du denkst. Zum Beispiel mithilfe von Achtsamkeitstraining oder Meditation.

Gefühle und Emotionen hingegen lassen sich nicht steuern, bewerten oder manipulieren. Wenn sie einmal da sind, hast du zwei Möglichkeiten: Entweder du ignorierst sie oder du nimmst sie an. Deine Gefühle führen dich direkt zu deinen Bedürfnissen (siehe Tabelle).

Wenn du anstelle von „ich fühle" auch „ich denke", „ich glaube", „ich vermute" einsetzen kannst, handelt es sich um einen Gedanken, also ein „Pseudo-Gefühl."
*„Ich denke, dass ich inkompetent bin."*
*„Ich glaube, dass du es nicht ernst mit mir meinst."*
*„Ich denke, dein Kinderzimmer ist zu unordentlich."*

Hinter diesen Gedanken versteckt sich das Gefühl, welches du finden möchtest. Du kommst diesem Gefühl auf die Spur, indem du den Satz als Frage umformulierst:
*„Was fühle ich, wenn ich denke, dass ich inkompetent bin?"*
*„Was fühle ich, wenn ich denke, dass du es nicht ernst mit mir meinst?"*
*„Was fühle ich, wenn ich denke, dass dein Kinderzimmer zu unordentlich ist?"*

| **Gefühle bei erfüllten Bedürfnissen*** | **Gefühle bei unerfüllten Bedürfnissen*** | **Pseudo-Gefühle* „Ich fühle mich …"** |
|---|---|---|
| angeregt | angespannt | abgelehnt |
| aufgedreht | abwesend | angegriffen |
| aufgeregt | ärgerlich | aggressiv |
| aufgewühlt (vor Glück) | allein | arrogant |
| ausgeglichen | angewidert | begabt |
| ausgeruht | antriebslos | beleidigt |
| beflügelt | aufgeregt | beachtet |
| befreit | aufgewühlt | bedrängt |
| bewegt | ausgelaugt | cool |
| begeistert | bedrückt | dick |
| begierig | befangen | dumm |

| Gefühle bei erfüllten Bedürfnissen* | Gefühle bei unerfüllten Bedürfnissen* | Pseudo-Gefühle* „Ich fühle mich …“ |
|---|---|---|
| beglückt | besorgt | egoistisch |
| energievoll | beunruhigt | feige |
| enthusiastisch | deprimiert | geizig |
| erfreut | eifersüchtig | großartig |
| erfrischt | einsam | hässlich |
| erleichtert | erschöpft | hysterisch |
| heiter | erschrocken | interessant |
| hoffnungsvoll | frustriert | ignoriert |
| hingerissen | gelangweilt | launisch |
| inspiriert | gestresst | normal |
| interessiert | gleichgültig | nützlich |
| klar | irritiert | nutzlos |
| kraftvoll | müde | respektiert |
| lebhaft | unentschlossen | toll |
| locker | unsicher | unzulänglich |
| motiviert | traurig | unterdrückt |
| munter | träge | überrumpelt |
| neugierig | matt | übers Ohr gehauen |
| optimistisch | lustlos | gut/schlecht informiert |
| vergnügt | schwach | kontrolliert |
| verliebt | schwermütig | verfolgt |
| vital | überfordert | verraten |
| wach | überlastet | in die Enge getrieben |
| wohl | ungeduldig | in eine Schublade gesteckt |
| zufrieden | zornig | entwertet |

* *Die ausgewählten Beispiele dienen der Veranschaulichung. Sie sind nicht vollständig.*
*(Quelle: Gerlinde Ruth Fritsch, Praktische Selbstempathie, Seite 25, 26, 31, 32)*

**Übernimm die Verantwortung für deine eigenen Gefühle**

Eine Grundidee der GFK ist, dass andere Menschen nicht für deine Gefühle verantwortlich sind. Wir leben oft in der Überzeugung, dass andere Menschen Gefühle in uns kreieren. Das ist allerdings ein Fehler in der Wahrnehmung.

*„Du hast mich verletzt."*
*„Ich bin enttäuscht von dir."*
*„Deinetwegen fühle ich mich schlecht."*

oder auch:

*„Du machst mich glücklich!"*
*„Wenn du den Müll rausbringst, bin ich zufrieden."*
*„Deine guten Noten in der Schule machen mich stolz."*

Sätze wie diese können dazu führen, dass wir zu der Überzeugung gelangen, andere seien für unser Glück oder Unglück verantwortlich. Das kann aber gerade bei Kindern einen enormen Druck verursachen. Es kann sogar die Autonomie und die Entwicklung eines gesunden Selbstwertgefühls bei Kindern behindern.

In Wahrheit kann niemand gute oder schlechte Gefühle in dir auslösen. Du allein bestimmst, wie du auf bestimmte Situationen reagierst und diese bewertest. Du bist dafür verantwortlich, mit welcher Haltung du die Dinge interpretierst. Es ist deine Entscheidung und du hast mehrere verschiedene Optionen von Reaktionen, aus denen du wählen kannst.

Du kannst aus einem Affekt heraus jemanden schlagen als Reaktion auf eine Handlung, die diese Person vorher durchgeführt hat. Gleichzeitig hättest du aber auch die Wahl, das nicht zu tun. Du kannst zum Beispiel auch gleichgültig reagieren. Oder den Raum verlassen. Du könntest Fragen stellen. Du hast aber auch die Möglichkeit dich zu entscheiden, die Bedürfnisse zu sehen, die dein Gegenüber hat.

Es liegt in deiner Macht, welchen Weg du wählst.

Dabei ist es wichtig, dass du es **nicht persönlich nimmst**, was andere Menschen sagen oder tun. Es geschieht oft, dass wir unser Gegenüber dafür verantwortlich machen, was wir fühlen, weil er oder sie sich in einer bestimmten Art und Weise verhalten hat. Oder bestimmte Dinge gesagt hat, die uns verletzt haben.

**Übernimm nicht die Verantwortung für die Gefühle der anderen**
So wie du die Verantwortung für deine eigenen Gefühle übernimmst, so darfst du auch deinem Gegenüber erlauben, die Verantwortung für seine Gefühle zu übernehmen. Was du tust oder sagst, mag in deinem Gegenüber ein bestimmtes Gefühl auslösen. Trotzdem bist du dafür nicht verantwortlich.

Es gibt Situationen, in denen sich Menschen von dir angegriffen fühlen mögen, obwohl du das gar nicht beabsichtigt hast. Wenn du zum Beispiel in manchen Situationen ein sehr selbstsicheres Auftreten hast, könnte sich jemand, dessen Bedürfnis nach Selbstsicherheit unerfüllt ist, persönlich angegriffen fühlen. In einem solchen Fall könntest du dich verändern und weniger selbstsicher tun, um die andere Person nicht zu verletzen. Dann würdest du Verantwortung für die Gefühle dieser Person übernehmen, indem du selbst dich veränderst.

Allerdings würde dieses Verhalten dazu führen, dass du dein eigenes Bedürfnis nach Selbstsicherheit aufgeben würdest. Wenn die andere Person hingegen die Verantwortung für ihre eigenen Gefühle übernimmt, dann kann sie dich so sein lassen, wie du bist. Sie würde sich mit ihren Gefühlen auseinandersetzen, sie annehmen und sich fragen: Welches Bedürfnis ist im Moment nicht befriedigt? Anschließend könnte die betreffende Person sich überlegen, wie sie sich dieses Bedürfnis erfüllen kann.

**Praxistipp**

- Denk daran, dass deine Gefühle sein dürfen.
- Beobachte zuerst, was geschieht.
- Nimm dann deine Gefühle wahr.
- Passe bei Bedarf deine eigene Haltung an, indem du das Gesagte oder Getane nicht persönlich nimmst.

Sicher wird es dir passieren, dass du Dinge persönlich nimmst und dich angegriffen fühlst. Versuche in solchen Situationen, Abstand zu gewinnen und dich zu beruhigen. In den Kapiteln „Feinfühligkeit üben“ und „Selbstfürsorge Impulse“ findest du Anregungen, die dir dabei helfen können. Es ist wichtig, dass du dich zunächst wieder mit dir selbst verbindest und in dich hineinhörst, welche Gefühle in dir entstehen und welches Bedürfnis erfüllt werden möchte.

**Gefühle sind direkt mit unseren Bedürfnissen verbunden. Wenn unsere Bedürfnisse erfüllt sind, haben wir freudige Gefühle. Sind sie nicht erfüllt, empfinden wir schmerzhafte Gefühle.**

## 3. Säule: Bedürfnisse

In der Gewaltfreien Kommunikation lernst du, die Sprache der Gefühle und Bedürfnisse zu sprechen. Du lernst, authentisch mitzuteilen, wie es dir geht. Mithilfe der GFK findest du gemeinsam mit deiner Familie Wege, das Leben jedes einzelnen Mitglieds im System zu bereichern.

Dabei werden stets die Bedürfnisse **aller** Beteiligten berücksichtigt. Denn in der Philosophie der GFK gehen wir davon aus, dass wir nur dann wahre Freude empfinden können, wenn die Bedürfnisse aller erfüllt sind.

Das wäre der Idealzustand.

Wir gehen echte, auf Empathie basierende, zwischenmenschliche Beziehungen ein und erschaffen eine Verbindung, die uns zutiefst nährt.

Wir alle haben Bedürfnisse. Im Grunde genommen sind unsere Bedürfnisse das, was uns alle verbindet. Wir alle wollen unsere Bedürfnisse erfüllen. Bedürfnisse sind der Antriebsmotor hinter jeder Handlung.

In der GFK ist es spannend zu beobachten, wie schnell sich ein Konflikt abmildert, sobald wir uns auf die Bedürfnisse fokussieren.

**Die Relevanz der Bedürfnisse in Konflikten**
Bei Konflikten neigen wir dazu, uns auf „die Sache" zu fokussieren. Dabei nehmen wir üblicherweise folgende Fragen zur Hilfe, um den Konflikt zu klären:

- Wer war im Recht?
- Wer hat gegen die Regeln verstoßen?
- Wer hatte Schuld?
- Wer muss bestraft werden?
- Wem gehört das Spielzeug? Und so weiter.

In der Gewaltfreien Kommunikation nehmen wir eine beziehungsfördernde Haltung an. Das bedeutet, dass wir die oben genannten Faktoren bei der Konfliktlösung vollkommen ignorieren.

Stattdessen stellen wir folgende Fragen:
- Wie fühlst du dich gerade?
- Wie hast du dich in der Situation gefühlt?

- Welches Bedürfnis wurde nicht erfüllt?
- Was brauchst du?
- Was wünschst du dir? Und so weiter.

Wenn wir bedürfnisorientiert denken und handeln, nehmen wir eine entsprechende Haltung an, die es uns erleichtert, eine tiefe Verbindung entstehen zu lassen.

Weil wir alle dieselben Bedürfnisse haben, ist es auch für unser Gegenüber leicht, diese zu verstehen, wenn wir sie in der richtigen Form kommunizieren. Dein Kind wird beispielsweise viel eher dazu bereit sein, das Wohnzimmer von seinen Spielsachen zu befreien, wenn es dein Bedürfnis nach Harmonie und Ordnung sieht.

Jeder Mensch hat eine angeborene Kooperationsbereitschaft. Erst wenn die eigenen Bedürfnisse unterdrückt werden, kommt es zur Rebellion. Denn jeder will Freude empfinden und Schmerz vermeiden. Unerfüllte Bedürfnisse erzeugen Schmerz.

Es liegt in unserer Natur, dass wir unsere Bedürfnisse erfüllt sehen wollen. Denn dadurch wird Entwicklung ermöglicht. Wir alle sind hier, um uns weiterzuentwickeln, zu wachsen und lebendig zu sein. Überall, wo Menschen zusammenkommen, gilt daher die Frage:

**Wie können wir die Bedürfnisse aller Beteiligten respektieren und befriedigen, um unsere gemeinsame Lebensqualität zu erhöhen?**

Dieser Grundsatz gilt in Schulen, Familien, Partnerschaften und Eltern-Kind-Beziehungen gleichermaßen.

### Die menschlichen Bedürfnisse im Überblick

Wir alle haben zwar die gleichen Bedürfnisse. Allerdings hängt es von unterschiedlichen Faktoren ab, welche Bedürfnisse gerade am dringendsten sind.

Darüber hinaus gibt es auch altersspezifische Bedürfnisse. Ein Säugling hat beispielsweise ein höheres Bedürfnis nach Schutz und Sicherheit und noch kein Bedürfnis nach Autonomie und Selbstverwirklichung.

Außerdem kommt es darauf an, welche der Bedürfnisse eine Person zu lange zurückgestellt oder unterdrückt hat. Wenn zum Beispiel das Bedürfnis nach

Ruhe und Erholung zu lange ignoriert wurde, erhört sich der Drang nach genau diesem Bedürfnis.

Je weniger die Bedürfnisse also erfüllt sind, desto höher ist der Bedarf.

**Physische Bedürfnisse**

- Nahrung
- Wasser
- Bewegung
- Sauerstoff
- Entspannung und Muße
- Sexualität und Fortpflanzung
- körperliche Nähe und Berührungen
- Pflege
- Unversehrtheit
- Schlaf
- Licht
- Wärme

**Bedürfnisse nach Sicherheit**

- Bindung
- Schutz
- Stabilität
- Rhythmus
- Zugehörigkeit
- Liebe
- Zuneigung
- Struktur
- Klarheit
- Vertrauen
- emotionale Sicherheit

**Soziale Bedürfnisse**

- Spielen
- Freude
- Lachen
- Status
- Anerkennung
- Wertschätzung
- Würde

- Bedeutung
- Geborgenheit
- Gemeinschaft
- Ehrlichkeit
- Empathie
- Verständnis
- Nähe
- Respekt
- Geben
- Beitragen
- Dazugehören
- Unterstützung
- Gerechtigkeit

**Individuelle Bedürfnisse**
- Selbstvertrauen
- Selbstsicherheit
- Selbstverwirklichung
- Selbstwert
- Selbstfürsorge
- Kompetenz
- geben wollen, nützlich sein
- Talente und Fähigkeiten ausleben
- Entwicklung
- Wachstum
- Autonomie
- Abgrenzung
- Selbstbehauptung
- Exploration
- Feiern
- Authentizität
- Respekt
- Nähe
- Freiheit
- Freiraum
- Privatsphäre
- wahrgenommen werden (gesehen werden, gehört werden)
- Abwechslung
- Leichtigkeit
- Balance

**Spirituelle Bedürfnisse**

- den Sinn des Lebens erkennen
- spirituelle Verbundenheit
- Harmonie
- Ordnung
- Frieden
- Liebe
- Kreativität
- Selbstwert
- Schönheit

**Bedürfnisse bei Kindern**

Stell dir ein menschliches Wesen so vor wie eine Blume. Die Blume benötigt nährstoffreiche Erde, Wasser und ausreichend Sonne, um zu wachsen. Wenn ihre Bedürfnisse erfüllt sind, wird sich die Blume zu einer starken Pflanze entwickeln. Sie wird duften, blühen und resistent gegen Schädlinge sein.

Genauso ist es bei deinem Kind. Wenn seine Bedürfnisse erfüllt sind, wird es sich entsprechend entwickeln und wachsen.

Bestimmte innere oder äußere Einflüsse, wie zum Beispiel Traumata, können die Entwicklung des Kindes verzögern. Dabei ist eine Nachreifung immer möglich, sobald es wieder emotional genährt wird. Das heißt, selbst wenn bei einem Kind die Entwicklung in manchen Bereichen verzögert ist, kann sie immer nachgeholt werden, sobald die Bedürfnisse des Kindes erfüllt sind.

Hinweis:
Jedes Kind ist anders und entwickelt sich anders. Richte dich daher nicht zu sehr nach den Entwicklungsstufen, wie sie im Lehrbuch stehen.

**Je kleiner das Kind, umso wichtiger ist es, dass Bedürfnisse direkt erfüllt werden. Ein Neugeborenes braucht direkte Bedürfnisbefriedigung. Je reifer das Kind wird, desto mehr Verständnis und Geduld wird es haben, wenn seine Bedürfnisse nicht augenblicklich erfüllt werden können.**

## 4. Säule: Bitten

Mit einer Bitte wird eine konkrete Handlung erbeten, die ein Bedürfnis befriedigen und das Leben bereichern soll. Dabei ist es wichtig, die Bitte klar, präzise und positiv zu formulieren. In einer Bitte formulierst du genau, was du brauchst, damit sich deine Lebensqualität verbessert. Die Bitte ist wirksamer, wenn sie positiv formuliert ist. Daher verzichten wir bei der Formulierung einer Bitte darauf, zu erwähnen, was wir nicht wollen oder brauchen.

**Stelle dir folgende Fragen, um deine Bitte zu formulieren**

- Was brauchst du im Moment?
- Was wünschst du dir?
- Was würde dein Leben jetzt leichter machen?
- Welche Aktivität würde deine Lebensqualität verbessern?
- Welche konkrete Aktion ist erforderlich, die dein Leben bereichert?

**Bitten sind keine Forderungen**

Bitten sind nicht mit Forderungen zu verwechseln. Eine Bitte löst im Gegenüber eine Kooperationsbereitschaft aus. Wir erfüllen eine Bitte freiwillig.

Bei der Forderung hat das Gegenüber keine Wahl und wird dazu genötigt, einen faulen Kompromiss einzugehen. Forderungen werden unfreiwillig ausgeführt, aus Angst vor den möglichen Konsequenzen.

Diese Konsequenzen können zum Beispiel Verbote oder Liebesentzug sein. In einem solchen Fall wird das Kind vermutlich die Forderung erfüllen, weil die Konsequenz Schmerz verursachen würde. Aber nicht aus Freude, sondern aus Angst-, Schuld- oder Schamgefühlen.

Zwang und Machtkämpfe bedrohen außerdem das natürliche Autonomiebestreben der Kinder, weil sie sich aus Schuld und Schamgefühlen zu einer Handlung breitschlagen lassen, statt diese aufgrund ihres natürlichen Kooperationsbestrebens heraus auszuführen.

**Eine Bitte wird aus Liebe erfüllt und aus dem Wunsch heraus, von Herzen zu geben.**

**Bitten verbinden. Forderungen trennen.**
Beim Bitten respektieren wir den freien Willen des Gegenübers. Dabei nehmen wir grundsätzlich die andere Person genauso an wie sie ist. Hierbei spielen Respekt und Wertschätzung der persönlichen Freiheit und Autonomie eine entscheidende Rolle.

Wir bitten also nicht um Veränderung des Wesens: *„Sei ordentlich"*, oder: *„Sei still"*. Wir schreiben der anderen Person nicht vor, wie sie sich fühlen soll, wie sie sein oder was sie denken soll. Das liegt nicht in unserer Macht.

Stattdessen bitten wir um eine konkrete Handlung, die unser Leben bereichert.
*„Ich möchte, dass du deine Spielsachen in die Spielzeugkiste bringst."*
*„Kannst du bitte die Spülmaschine ausräumen?"*

Konkrete Bitten mit klaren Handlungsanweisungen, die mit Respekt vor dem Wesen des anderen Menschen ausgesprochen werden, führen zu Klarheit. Mithilfe von konkreten und klar formulierten Bitten erreichen wir, dass unsere Bedürfnisse erfüllt werden und unsere Lebensqualität sich verbessert.

**Die Freiheit, Nein zu sagen**
Ein weiteres Merkmal, welches Bitten von Forderungen unterscheidet, ist, dass wir nicht auf die Erfüllung der Bitte bestehen. Wenn du dein Kind um etwas bittest, kann es passieren, dass es aus bestimmten Gründen deiner Bitte nicht nachkommen möchte und Nein sagt.

In der Philosophie der Gewaltfreien Kommunikation möchten wir, dass unser Gegenüber unsere Bitte nur erfüllt, wenn es wirklich dazu bereit ist. Wir wollen nicht, dass unsere Bitten aus Angst oder Schuldgefühlen heraus erfüllt werden. Umgekehrt möchten wir Bitten und Wünsche erfüllen, weil wir dies von Herzen möchten und nicht, weil wir uns dazu genötigt fühlen.

Das scheint ein radikales Konzept zu sein. Noch radikaler ist es meiner Ansicht nach, dass wir sehr viele Dinge tun, die wir eigentlich gar nicht von Herzen tun wollen. Weil wir denken, wir müssen es tun. Weil die Regeln es vorschreiben oder die Gesellschaft es von uns erwartet. Damit machen wir uns zu Opfern der Umstände. Wir vergessen dabei, dass wir in jeder Situation aus unterschiedlichen Optionen wählen können.

Beim Bitten gibt es keine Konsequenzen, wenn die Bitte nicht erfüllt wird. Stattdessen erlauben wir uns die Freiheit der Wahlmöglichkeit.

Forderungen mit den dazugehörigen Folgen und Konsequenzen sorgen dafür, dass die natürliche Bereitschaft zu geben abnimmt.

Eine tragfähige Beziehung zeichnet sich durch Vertrauen, gegenseitigen Respekt, Wertschätzung und Empathie aus. Wenn die Beziehung diese Merkmale vereint, dann gehört die Freude am Geben zu den ganz natürlichen Auswirkungen. Forderungen, Zwang, Kritik, Entwertung und das Ausspielen von Machtpositionen behindern den natürlichen Wunsch nach Kooperation.

**Was kann ich tun, wenn mein Kind Nein sagt?**
Zwang führt zu Rebellion. Wenn ein Kind zu lange Forderungen statt Bitten gehört hat, kann es sein, dass es länger dauert, bis es wieder vertrauen kann. Sei in dieser Zeit geduldig. Vertraue darauf, dass deine Bitten erhört werden. Auch, wenn es nicht sofort funktioniert.

Hinweis:
Bei der GFK geht es weniger um die „Sache" als vielmehr darum, in Kontakt zu sein. Wenn du eine Bitte formulierst und sie wird nicht erfüllt, frage dich: Was hindert mein Kind daran, das zu tun, was mir wichtig ist? Damit fokussierst du dich wieder auf die Bedürfnisse und bleibst in Verbindung.

- **Eine Bitte bezieht sich auf den gegenwärtigen Moment.**
- **Formuliere die Bitten positiv.**
- **Bitten sind keine Forderungen.**

**Die Musterbeispiele im praktischen Teil des Buches geben Orientierungshilfen. Am Ende des Buches findest du zudem eine GFK-Gesprächsvorlage.**

**Praxistipp**
Es ist hilfreich, ein Feedback einzuholen, nachdem du deine Bitte formuliert hast.

Bitte dein Kind zum Beispiel:
*„Kannst du noch mal wiederholen, was du verstanden hast, damit ich weiß, ob ich mich richtig ausgedrückt habe?"*
Das gibt dir Sicherheit, dass es keine Missverständnisse gibt und schafft Klarheit. Du versicherst dich damit gleichzeitig, ob dein Kind eine Forderung gehört hat, statt einer Bitte.

## Die Nachteile und Folgen gewaltvoller Kommunikation

Unsere gegenwärtige Sprache hat signifikante Auswirkungen auf unsere Lebensqualität. Konfliktherde schwelen über den gesamten Globus verteilt. Kriege werden geführt und Machtkämpfe ausgefochten. Ein gewaltvolles Miteinander ist leider in vielen Lebensbereichen noch üblich und kann von der Art und Weise, wie wir kommunizieren, begünstigt werden.

**Gewaltvolle Kommunikation führt zu gestörten Beziehungen und behindert die natürliche Entwicklung.**

Wenn Erwachsene mit Kindern aus einer unterdrückenden Machtposition heraus sprechen und Forderungen stellen, wirkt sich das sowohl auf die Entwicklung des Kindes als auch auf die Eltern-Kind-Beziehung aus.

Das Kind wird mit einem mangelnden Selbstwertgefühl bezahlen sowie mit Schuld- und Schamgefühlen. Die Eltern hingegen werden spüren, wie sie sich mehr und mehr von ihrem Kind entfernen. Im Grunde bewirkt eine kontrollierende, Zwang ausübende Haltung genau das Gegenteil von dem, was wir uns eigentlich wünschen. Nämlich eine echte Beziehung und die tiefe zwischenmenschliche Verbindung.

### Schuld und Scham

Schuldzuweisungen führen in der Regel dazu, dass die Situation sich verschlimmert. Die Idee von Schuld basiert auf der Weltanschauung, in der es richtig und falsch gibt. Doch das ist eine Sicht auf die Dinge, die uns von unserem wahren Wesen trennt. Nämlich, dass alles verbunden ist.

Es gibt keinen in Stein gemeißelten Maßstab, der uns vorschreibt, wie die Dinge sein müssen. Darüber hinaus ist es nicht notwendig, in Konfliktsituationen einen Schuldigen zu finden.

In der beziehungsfördernden Kommunikation möchten wir Verbindungen schaffen und Konflikte konstruktiv lösen. Dabei vermeiden wir alles, was den Konflikt unnötig verstärkt. Stattdessen legen wir Wert darauf, den Konflikt zu klären, sodass wir wieder mehr Leichtigkeit, Lebendigkeit, Lebensfreude und Verbindung spüren.

**Recht und Unrecht**

In einer bedürfnisorientierten Welt gibt es niemanden, der recht oder unrecht hat. Stattdessen es geht darum, was jeder braucht, um glücklich zu sein.

Bin ich so richtig?
Bin ich gut genug?
Das sind Fragen, die unglücklich machen und auf einer unrealistischen Weltanschauung basieren.

In der GFK ist der einzige Maßstab die Lebensqualität. Um diese zu erhöhen und dein Leben reicher und leichter zu machen, ist eine ganz neue Haltung erforderlich: frei von Vorurteilen und Bewertungen.

**Hinter jedem Verhalten steht ein guter Grund**

Jeder Handlung liegt eine Motivation zugrunde. Das heißt, dass alles aus einem Grund geschieht. Alles, was wir tun, tun wir, weil wir ein bestimmtes Bedürfnis erfüllen wollen.
Wenn du etwas isst, dann, weil du Hunger hattest. Vielleicht war dir auch langweilig oder du warst frustriert und hast deshalb etwas gegessen, um dich besser zu fühlen.
Wenn du schläfst, dann aus dem Bedürfnis heraus, dich zu erholen.

Leider sehen wir nicht immer auf Anhieb, was in einem anderen Menschen vorgeht und warum er bestimmte Dinge tut oder sagt. Wir sehen in dem Moment nur die Handlung. Gleichzeitig vermischen wir diese Handlung mit unseren eigenen Emotionen und bewerten sie mit unserer eigenen Interpretation.

Manchmal nehmen wir bestimmte Aktivitäten oder Worte persönlich und fühlen uns dadurch verletzt. Dabei kann es passieren, dass wir übersehen, aus welchem Grund unser Gegenüber möglicherweise gehandelt haben könnte. Wir sehen lediglich die Auswirkungen, den Schaden oder die Verletzung in uns selbst.

Wenn wir dieselbe Situation aus einem einfühlsamen Blickwinkel heraus betrachten, fragen wir uns:

- Was war der Grund für die Handlung bzw. die Worte?
- Was hat diesen Menschen dazu veranlasst, das zu sagen?
- Mit welcher Motivation hat er das getan?
- Aus welchem Bedürfnis heraus hat die Person gehandelt?

**Eine Frage der Perspektive**

Für gewöhnlich gehen wir in schwierigen Situationen davon aus, dass etwas mit uns selbst oder mit der anderen Person nicht stimmt. Wir sind daran gewöhnt, die Dinge basierend auf unseren Vorurteilen zu bewerten. Dabei neigen wir dazu, die Dinge anhand unserer eigenen Wertvorstellung zu beurteilen. Die Wahrheit ist, dass es so viele Realitäten wie Menschen gibt.

Ein und dieselbe Situation kann von unterschiedlichen Menschen völlig anders bewertet werden.

Wenn wir ausschließlich unsere eigenen Wertvorstellungen als wahr und richtig anerkennen und jeder mit dieser Einstellung durch die Welt geht, sind Krisen und Kriege die logische Konsequenz. Dabei handeln wir ständig entgegen unserer Bedürfnisse und verlangen das auch von anderen Menschen, einschließlich unserer Kinder. Dabei ist es das natürlichste der Welt, dass wir unsere eigenen Bedürfnisse befriedigen wollen.

Darüber hinaus möchten wir die Bedürfnisse unserer Mitmenschen befriedigen. Beides gibt uns ein gleichermaßen gutes Gefühl. Dieses natürliche Bestreben nach Bedürfnisbefriedigung und Lebendigkeit kann durch unsere aktuelle Kommunikation blockiert werden. Wir bringen uns durch unsere Sprache ständig dazu, uns schlecht zu fühlen, indem wir die Lebendigkeit in uns abtöten.

Wir haben es uns zur Gewohnheit gemacht, in einer bestimmten Art und Weise zu denken, zu handeln und zu sprechen.
*„Aber."*
*„Ich muss."*
*„Du sollst."*

**Mit der GFK erschaffen wir ein Bewusstsein für unsere Sprache. Wir lernen unsere Bedürfnisse kennen und üben, uns klar auszudrücken.**
**Dadurch schaffen wir Klarheit und lenken unsere Aufmerksamkeit auf das, was lebendig ist. Anstatt zu sagen, was wir nicht wollen, kommunizieren wir, was wir brauchen, um unsere Lebensqualität zu verbessern.**

## Sinn und Unsinn von Erziehung und Regeln

Kinder sind emotional von uns abhängig. Sie bedürfen unserer Pflege und brauchen liebevolle Fürsorge. Dabei wachsen und entwickeln sie sich von selbst. Ihr natürliches Bedürfnis nach Autonomie und Exploration sorgt dafür, dass Kinder sich weiterentwickeln und lernen wollen.

Wenn sich Kinder zu bestimmten Handlungen gezwungen fühlen, vergeht ihnen allerdings die natürliche Lust am Lernen. Zwang unterdrückt den natürlichen Impuls der Neugierde.

**Wir Menschen haben eine natürliche Kooperationsbereitschaft.**

**Kooperation ist freiwillig**
Das Bitten im Sinne der GFK entspricht dem natürlichen Kooperationswunsch, der in jedem von uns steckt. Ein Prinzip der beziehungsfördernden Kommunikation ist die Annahme, dass wir Menschen grundsätzlich zum Leben der anderen beitragen und helfen wollen.

Eine Studie der Universität Yale hat das bewiesen.[14] Bereits im Alter von 6 bis 10 Monaten erkannten die Babys hilfsbereite Menschen und zogen dieses Verhalten einem unterdrückenden Verhalten vor.

Bei diesen Experimenten beobachteten die Säuglinge folgende Sequenzen:

1. Sequenz:
   Ein gelbes Männchen, welches versucht, den Berg hinaufzuklettern. Nach einiger Anstrengung gelingt es dem gelben Männchen, sein Ziel zu erreichen.
2. Sequenz:
   Das gelbe Männchen klettert den Berg hinauf, wie in der ersten Sequenz. Dabei kommt ihm ein grünes Männchen zu Hilfe und unterstützt das gelbe Männchen beim Aufstieg.
3. Sequenz:
   Das gelbe Männchen klettert wieder den Berg hinauf. An der Spitze angekommen, wird das gelbe Männchen von einem blauen Männchen den Berg hinuntergestoßen.

---

14 *Vgl. Karen Wynn, Paul Bloom: „The Moral Baby", unter: https://cpb-us-w2.wpmucdn.com/campuspress.yale.edu/dist/f/1145/files/2017/10/Wynn-Bloom-Moral-Handbook-Chapter-2013-14pwpor.pdf (abgerufen am 16.08.2019)*

Im Anschluss an diese drei Sequenzen hat man den Babys die drei Figuren angeboten, die sie gerade auf dem Monitor gesehen hatten. Jedes der Babys entschied sich für das grüne Männchen. Den Unterstützer.
Interessanterweise entschieden sich bereits ein halbes Jahr später 20 % derselben Babys für das blaue Männchen – den Unterdrücker. Dabei gehen die Forscher davon aus, dass die betreffenden Babys in ihren Herkunftsfamilien beobachtet hatten, dass der Unterdrücker sich erfolgreicher durchsetzen konnte, als der Unterstützer.

- **Wir kommen mit einer Bereitschaft zur Unterstützung und Kooperation zur Welt.**
- **Unsere Erfahrung lehrt uns, mit welchem Verhalten wir erfolgreich unsere Ziele erreichen.**
- **Wir ahmen das Verhalten und die Werte nach, die wir erleben.**
- **„Erziehung" erfolgt also durch Nachahmung dessen, was wir unseren Kindern vorleben.**

## Die Folgen von Zwang

Zwang, Unterwerfung, Dressur und Befehlen folgen, ohne dass wir es wollen, mindert unsere Lebensqualität. Wenn unsere Kinder noch klein sind, können wir sie noch mit solchen Mitteln dazu bringen, zu tun, was wir wollen. Doch spätestens in der Pubertät wird das nicht mehr funktionieren.
Je ausgeprägter das Autonomiebedürfnis des Kindes, desto schwieriger ist es für uns, mit Zwang erziehen zu wollen. Zwang kann dazu führen, dass Kinder erst recht nicht das tun, was wir von ihnen verlangen. Dann wird das Zusammenleben schwierig und Konflikte sind vorprogrammiert.

Wenn zu lange gefordert wurde, werden Bitten nicht mehr als solche wahrgenommen. Die natürliche Kooperationsbereitschaft verkümmert. Bitten hingegen ermöglicht die natürliche Kooperation, die in jedem von uns steckt.

- Wie fühlst du dich, wenn du zu etwas gezwungen wirst?
- Fühlst du dich lebendig?
- Oder fühlst du dich, als hättest du keine Wahl?
- Was passiert in dir, wenn du zu etwas gezwungen wirst?
- Tust du es aus Freude und bereitwillig?
- Wenn dich jemand zu etwas zwingt: Warum tust du es trotzdem?

- **Je früher du dein Kind mit dem Konzept der Freiwilligkeit begleitest, desto leichter wird es für euch. Machtkämpfe können so wirksam verhindert werden.**
- **Denke daran: Das Ziel ist, dein Kind zu einem selbstständigen Menschen zu begleiten und eine gute Basis für sein weiteres Leben zu erschaffen.**

## Die Folgen der Erziehung

Wir gehen davon aus, dass Kinder „unerzogen“ auf die Welt kommen und von uns Erwachsenen erst einmal zurechtgestutzt werden müssten. Dabei übersehen wir manchmal, welche die Folgen die unterschiedlichen Erziehungsmaßnahmen für das spätere Leben unserer Kinder haben könnten.

Hast du schon mal darüber nachgedacht, dass die „unerzogenen“ Kinder womöglich diejenigen sind, die am meisten „erzogen“ wurden? Könnte es sein, dass sich diese Kinder besonders anpassen und ihre Bedürfnisse besonders unterdrücken mussten?

Irgendwann verschafft sich ein Bedürfnis immer Gehör. Das kann sich in „unerzogenem“ Verhalten widerspiegeln. In Störungen wie ADHS. Oder das unterdrückte Bedürfnis richtet sich nach innen, wie bei Depressionen oder autoaggressivem Verhalten.

In der Philosophie der GFK gehen wir nicht davon aus, dass mit unseren Kindern etwas nicht stimmt und sie deshalb erzogen werden müssen. Wir verzichten auf Strafen, Konsequenzen sowie auf Lob und Bewertungen. Wir gehen davon aus, dass unsere Kinder bereits perfekt zur Welt kommen. Wir sehen „unangemessenes“ Verhalten als eine völlig normale Reaktion auf eine Situation, bei der für dieses Kind etwas nicht funktioniert hat. Anschließend begeben wir uns auf die Suche nach dem Bedürfnis, welches in der Situation nicht erfüllt wurde.
Wir Eltern lernen von der Gesellschaft, dass wir dafür Sorge tragen, unseren Kindern die notwendige Erziehung angedeihen zu lassen. Hierbei können zum Beispiel die folgenden Erziehungsziele infrage kommen:

- Höflichkeit
- Ehrlichkeit
- Hilfsbereitschaft
- Respekt
- Verantwortungsgefühl
- Toleranz

Diese Erziehungsziele stehen in direktem Zusammenhang mit den Werten, die wir unseren Kindern vermitteln möchten.

**Mehr zum Thema Werte findest du im Kapitel „Werte vermitteln: Begleitung statt Erziehung“.**

Wie im Beispiel mit dem grünen, gelben und blauen Männchen beschrieben, lernen Kinder nicht durch die eigentliche Erziehung, sondern durch Beobachtung und Nachahmung ihres sozialen Umfelds.

- **Ein Kind lernt von den Menschen am meisten, zu denen es eine emotionale Bindung hat.**
- **Mithilfe der GFK festigst du diese Beziehung zu deinem Kind, sodass es dir bereitwillig folgen wird.**
- **Begegne deinem Kind auf Augenhöhe, indem du ihm mit einer einfühlsamen Haltung begegnest.**

## Die 6 Formen von Zwang in der Erziehung

Wenn wir an unsere Grenzen kommen, greifen wir auf Strategien zurück, die wir im Moment zur Verfügung haben. Erinnerst du dich an die drei Haltungsgrundsätze der GFK? Einer davon besagt, dass wir zu jedem Zeitpunkt das Beste tun, was uns in diesem Moment zur Verfügung steht. Wenn also etwas für uns nicht funktioniert und wir in Stress geraten, bedienen wir uns aus den Lösungsstrategien, die wir kennen und lange geübt haben.

Die Beziehungen, die wir als Kinder erleben, die Erfahrungen und Kommunikationsmuster erlernen wir in der Kindheit. Diese Muster brennen sich in unseren Köpfen ein und übertragen sich auf andere Beziehungen.

Die folgenden Strategien im Umgang mit Konflikten können uns beispielsweise aus unseren Herkunftsfamilien bekannt sein:

1. **Strafen und Verbote**
2. **Belohnungen**
3. **Manipulieren**
4. **Beschämung, ein schlechtes Gewissen einreden**
5. **Kritik (du bist faul, egoistisch, schlecht, du musst dich verbessern)**
6. **Muss-Sprache** [15]

15 *Vgl. Glücksknirpse – Kindergesundheit & Familienglück: Gewaltfreie Kommunikation mit Kindern. YouTube 26.11.2018, 24.07.2019 um 12:30 Uhr, in: https://www.youtube.com/watch?time_continue=221&v=22O9uBXj91s*

Diese Strategien funktionieren zwar, um bestimmte „Erziehungsziele“ zu erreichen. Du kannst diese Methoden anwenden, um dein Kind zu etwas zu bringen, was es nicht aus freien Stücken tun möchte.
Allerdings sind diese Strategien nicht beziehungsfördernd. Das führt dazu, dass die natürliche Kooperationsbereitschaft des Kindes abnimmt. Folglich könnte es sein, dass es auf Zwang noch mehr rebelliert und erst recht nicht das tun, was sich die Eltern wünschen.

Es kann dazu kommen, dass dein Kind genau das Gegenteil von den Werten lernt, die du ursprünglich vermitteln wolltest:

**Strafen und Verbote** könnten beispielsweise dazu führen, dass Kinder Dinge verheimlichen und verstecken. Wer Dinge, die er nicht wirklich tun will, ausschließlich für die

**Belohnungen** tut, verliert wertvolle Lebenszeit. Es könnte die Gefahr bestehen, dass wir unseren Kindern beibringen, faule Kompromisse einzugehen und alles für die in Aussicht gestellte Belohnung zu tun.

**Manipulation** kann dazu führen, dass wir uns fremdbestimmt fühlen. Wir tun Dinge dann nicht aus uns selbst und aus unserer eigenen Motivation heraus.

**Beschämung** führt zu Schamgefühlen, die das Selbstwertgefühl beeinträchtigen. **Schuldgefühle** können zu einem schlechten Gewissen, Unehrlichkeit und einem Mangel an Selbstbewusstsein führen.

**Kritik und Entwertung** können das Selbstwertgefühl sowie das Selbstbewusstsein ebenfalls mindern. Es kann sein, dass Kinder dadurch den Mut verlieren, Neues auszuprobieren. Oder sie trauen sich nicht zu, Dinge zu schaffen.

**Muss- und Soll-Sprache** führt dazu, dass wir uns als Opfer fühlen und den Umständen hilflos ausgeliefert sind.

Selbstverständlich wird es ab und zu einmal vorkommen, dass wir trotz Gewaltfreier Kommunikation in alte Kommunikations- und Verhaltensmuster zurückfallen. Das ist völlig normal. Bedenke, dass du gerade eine neue Sprache lernst.

Die oben beschriebenen Formen von Zwang können Folgen haben, wenn sie regelmäßig und unreflektiert angewandt werden. Du hast dich für einen neuen

Weg entschieden und möchtest die Beziehung zu deinem Kind vertiefen. Vertraue daher auf den Prozess und sei liebevoll und geduldig mit dir selbst.

**Wie du geduldig und liebevoll mit dir selbst umgehst, findest du in den Kapiteln „Feinfühligkeit üben", „Selbstempathie", Selbstliebe" und „Selbstfürsorge Impulse".**

**Beispiel**
Susi spielt mit den Bausteinen.
Tim will mitspielen.
Susi sagt Nein.
Weinend läuft Tim zur Mutter: *„Mama, Susi will mich nicht mitspielen lassen!"*
Mama nimmt den weinenden Tim an die Hand. Gemeinsam gehen sie zu Susi: *„Schau mal, der Tim ist jetzt so traurig, weil du ihn nicht mitspielen lässt."*
Das ist zwar freundlich kommuniziert, jedoch alles andere als gewaltfrei.

Was Susi lernt ist:
1. Mein Nein wird nicht respektiert.
2. Mein Bedürfnis nach Entfaltung wird nicht anerkannt.
3. Ich bin für die Gefühle von Tim verantwortlich
   (Tim ist traurig, weil du ihn nicht mitspielen lässt).

**Wir lernen aus unseren Erfahrungen.**
**Daraus entwickeln wir unsere Überzeugungen und Glaubenssätze.**

Nehmen wir an, für Susi ist es normal, dass ihr Nein nicht gehört wird. Außerdem hört sie öfter: *„Weil du nicht teilst oder andere Kinder nicht mitspielen lässt, sind sie traurig."*

Folglich könnte sie zu der Überzeugung gelangen:

- Meine Bedürfnisse spielen keine Rolle.
- Meine Bedürfnisse sind nicht so wichtig wie die Bedürfnisse der anderen.
- Ich darf nicht Nein sagen.
- Wenn ich Nein sage, sind andere traurig.
- Ich bin für die Gefühle der anderen verantwortlich (meinetwegen ist Tim traurig).

**Folge:**
Es entwickelt sich ein Denkmuster beziehungsweise ein Glaubensmuster, welches sich auf alle ihre späteren Beziehungen auswirkt. Um die Beziehung nicht zu

gefährden, wird sie möglicherweise Dinge tun, die sie nicht will, weil sie andere nicht traurig, wütend usw. machen möchte.

**Praxistipp**

Wenn du bestimmte Erziehungsmethoden anwendest, frage dich:

- Was lernt mein Kind dadurch?
- Was könnten die Konsequenzen dieser Erziehungsmaßnahme sein?

## Übung: ZEITMASCHINE

Stell dir die letzte schwierige Situation vor, die du mit deinem Kind hattest. Du kannst eine Situation wählen, in der du eine der oben beschriebenen Methoden als Lösungsstrategie angewandt hast (Strafe, Verbot, Belohnung usw.).
Schreibe das **Ereignis** und den **Dialog** auf, den ihr hattet.

Kläre für dich folgende Fragen: (Hinweis: Alle Gefühle, die nun möglicherweise in dir aufsteigen, sind okay und dürfen sein.)

- Worum ging es? (Was wollte dein Kind? Was wolltest du?)
- Was hast du dir von deinem Kind gewünscht?
- Wie hast du die Situation gelöst?
- Welche **Erziehungsmaßnahme** hast du angewandt?
- Welche **Werte** hast du deinem Kind mit dieser Strategie vermittelt?
- Welche **Glaubenssätze und Überzeugungen** könnten sich in deinem Kind manifestieren, wenn ihr diese Erziehungsmethode regelmäßig praktizieren würdet?

Setz dich nun in deine imaginäre Zeitmaschine. Vor dir siehst du einen Regler, mit dem du das gewünschte Datum einstellen kannst. Stelle den Regler auf 20 Jahre in die Zukunft. Steige aus der Zeitmaschine aus und betrachte dein mittlerweile erwachsenes Kind mit den Glaubenssätzen und Werten, die es in seiner Kindheit gelernt hat.

Beantworte dir folgende Fragen:

- Was hat dein Kind gelernt?
- Wie verhält es sich durch das, was es gelernt hat?
- Wie sehen seine Beziehungen aus? (Liebesbeziehung, die Beziehung zu seinen Kollegen, zu seinem Chef, zu seinen Nachbarn usw.)
- Wie zufrieden ist es in seinem Leben?

## Regeln

Regeln spielen eine wichtige Rolle in unserem Leben. Sie sorgen für Orientierung und fördern das harmonische Zusammenleben. Regeln können sicherstellen, dass die Bedürfnisse aller Beteiligten wertgeschätzt und respektiert werden. Andererseits können starre Regelsysteme das Zusammenleben erschweren, wenn dadurch natürliche Bedürfnisse behindert und blockiert werden. Stelle Regeln bedürfnisorientiert und in gemeinsamer Absprache auf. Sie unterstützen ein harmonisches Zusammenleben und sollen das Leben erleichtern, statt es zu erschweren.

### Regeln geben Orientierung und Sicherheit

Regeln sollten **klar und verlässlich** sein, um Orientierung und Sicherheit zu geben. Dabei ist es hilfreich, dass die Regel immer und ohne Ausnahme gilt, wenn sie einmal aufgestellt ist. Überlege dir daher gut, welche Regeln sinnvoll sind und das Zusammenleben erleichtern.

**Beispiel**
Regel: Wir essen nicht auf dem Sofa.
Das Bedürfnis dahinter ist Ordnung und Sauberkeit.

Wenn diese Regel nur hin und wieder gilt, führt das zu Verunsicherung. Wenn du mal Ja sagst und mal Nein, wird dein Kind mit dieser Regel experimentieren.

Andererseits dürfen **Regeln flexibel sein**. Sie können sich verändern und an die sich stetig verändernden Bedürfnisse angepasst werden. Manche Regeln waren zu einem bestimmten Zeitpunkt möglicherweise sinnvoll, dienen aber heute keinem Zweck mehr. Natürlich kannst du dein Kind auch mitbestimmen lassen, welche Regeln sinnvoll sind. Hierbei ist es wichtig einzuschätzen, inwieweit dein Kind die Verantwortung selbst übernehmen und Risiken bzw. Nachteile einschätzen kann.

Es kann sein, dass dein Kind ein Bedürfnis hat, dessen Befriedigung zu dem Zeitpunkt nicht möglich ist.

**Beispiel**
Regel: Wir essen vor dem Mittagessen keine Süßigkeiten.
Bedürfnis: Gesundheit

Dein Kind wird nicht immer mit dieser Regel einverstanden sein. Es kann den Sinn dieser Regel möglicherweise noch nicht nachvollziehen. In solchen Fällen ist es sinnvoll, wenn du dein Bedürfnis mitteilst: *„Ich möchte, dass du gesund bist. Deswegen möchte ich, dass du dein Mittagessen isst."*

Wichtig ist, dass du selbst zutiefst den Sinn der aufgestellten Regel verstehst und nachvollziehen kannst. Das gibt dir Sicherheit in deiner Haltung und hilft dir, klar und konsequent zu sein. Es lohnt sich daher, genau zu überlegen, welche Regeln gelten sollen. Darüber hinaus ist es sinnvoll, in regelmäßigen Abständen jede einzelne Regel auf ihren Zweck und Sinn zu hinterfragen.

**Regeln neu verhandeln und eigene Erfahrungen machen lassen**
Ab einem Alter von etwa 7 Jahren kannst du anfangen, Regeln mit deinem Kind (neu) zu verhandeln. Manchmal kann es durchaus hilfreich sein, wenn dein Kind seine eigenen Erfahrungen macht. Es ist gut, das Kind so zu begleiten, dass es sich langsam seiner Entscheidungen und den daraus resultierenden Wirkungen bzw. Konsequenzen bewusst wird.

**Ein Beispiel zu diesem Thema findest du im Kapitel Musterbeispiele" im Abschnitt „Ins Bett gehen".**

Dabei ist es wichtig herauszufinden, wie viel Verantwortung dein Kind übernehmen kann und was eine Überforderung darstellen würde.

**Mehr zum Thema Verantwortung findest du im Kapitel „Grenzen".**

**Praxistipp**
Schreibe alle Regeln auf, die in eurer Familie gelten. Dazu gehören die offiziellen und die unausgesprochenen Regeln. Es kann auch spannend sein, wenn du dir alle Regeln aufschreibst, die in deiner Herkunftsfamilie galten.

Frage dich:

- Welchem Zweck dient diese Regel?
- Wie erleichtert diese Regel dein Leben / mein Leben / unser Zusammenleben?
- Welches Bedürfnis erfülle ich mir mit dieser Regel?
- Welches Bedürfnis erfüllt sich für die anderen mit dieser Regel?
- Behindert diese Regel ein bestimmtes Bedürfnis?
- Ist diese Regel (noch) sinnvoll?

## Die Wirkung der Worte

### Verallgemeinerungen

Verallgemeinerungen in der Sprache lassen auf ein verallgemeinerndes Denken schließen. Das macht unser Gehirn automatisch, denn es neigt dazu, Dinge zu vervollständigen und zu vereinfachen. Wenn wir also ein-, zwei- oder dreimal sehen, dass jemand etwas Bestimmtes tut, dann tut er es immer, nie, oder jedes Mal.

Beispiele für Verallgemeinerungen sind:

- oft
- häufig
- selten
- immer
- nie
- jedes Mal

### Zwang-Sprache

Wir *müssen* und *sollen*, wenn wir uns machtlos den Umständen ausgeliefert fühlen.

*„So ist es nun mal."*
*„So ist die Welt."*
*„Anweisung von ganz oben."*
*„Das sind die Regeln."*
*„Dagegen kann ich nichts tun."*
*„Ich muss das tun."*
*„Ich sollte das nicht tun."*

Eine zwanghafte Sprache und Denkweise bewirken, dass wir uns ohnmächtig und als Opfer der Umstände fühlen. Darüber hinaus geben wir mit einer solchen Sprache die Verantwortung für unser Handeln ab. Doch wenn wir die Verantwortung abgeben, dann geben wir auch die Macht ab, die wir über unser eigenes Leben haben.

*„Ich habe mein Leben nicht selbst in der Hand."*
*„Andere entscheiden für mich."*
*„Andere bestimmen über mich."*
*„Ich kann nichts dagegen tun."*

Gleichzeitig sorgen wir dafür, dass wir auch unsere Kinder entmachten, indem wir eine Zwang-Sprache anwenden. Wir verlieren in dem Moment die Verbindung, indem wir Forderungen stellen und mit Konsequenzen drohen. Wir schwingen die Keule des Totschlag-Arguments. Wenn alles Reden nichts bringt, wird es Folgen haben. Dabei wollen wir selbst etwas, das Gegenüber will aber etwas ganz anderes.

**Beziehung statt Machtkampf**

Forderungen, Strafen, Verbote und Konsequenzen begünstigen Machtkämpfe. Du kannst stattdessen mit folgenden Fragen in die Beziehung gehen und die Möglichkeit erschaffen, befriedigende Lösungen zu finden:

- Was brauchst du?
- Was brauche ich?
- Wie können wir eine Lösung finden, die deine und meine Bedürfnisse befriedigt?

Wer sich in einer höheren Machtposition befindet, ist mit solchen Strategien in den meisten Fällen erfolgreich. Doch dieser Sieg hat einen hohen Preis, denn er wirkt sich auf die Beziehung aus. Darüber hinaus haben diese Strategien auch Auswirkungen auf das eigene Wohlbefinden. Es geht in Beziehungen nicht darum zu gewinnen. Schon gar nicht, wenn es sich bei der anderen Person um den Lebenspartner oder das eigene Kind handelt. Es hinterlässt ein schales Gefühl, sich mit aller Macht durchzusetzen, ohne die Bedürfnisse des Gegenübers zu berücksichtigen. Gleichzeitig ist es kein gutes Gefühl, ständig die eigenen Bedürfnisse zurückzustellen, um die der anderen zu befriedigen.

Alle Bedürfnisse wollen erfüllt sein. Mit der Gewaltfreien Kommunikation haben wir die Möglichkeit, neue Strategien zu entwickeln und Wege zu finden, die unsere Beziehungen stabilisieren und das Leben erleichtern.

## Die Vorteile der Gewaltfreien Kommunikation

Die Essenz der Gewaltfreien Kommunikation ist es, allem Lebendigen zu dienen.

Wir sind geboren, um lebendig zu sein. Dieser Drang liegt zutiefst in unserer Natur. Da GFK die Sprache ist, die dem Leben dient und das Leben fördern möchte, fühlen wir uns instinktiv von dieser Art der Kommunikation angezogen.

Ich konnte oft beobachten, wie es im Raum plötzlich still wurde und alle gespannt zugehört haben, wenn zwei Menschen gewaltfrei miteinander kommunizierten. Es entsteht eine besondere Verbindung, die sogar von außen spürbar ist.

Es geht darum, Beziehungen zu vertiefen und Wachstum zu fördern. Dabei bleibt die Verbindung trotz Meinungsverschiedenheiten und Konflikten bestehen.

**Es geht nicht darum, keine Konflikte mehr zu haben. Gewaltfreie Kommunikation bedeutet, dass wir trotz Konflikten in Beziehung bleiben.**

## Die Haltung ist entscheidend

Bei der Gewaltfreien Kommunikation geht es darum, die Bedürfnisse zu erkennen, die als Motiv jeder Handlung gelten:

- Was brauche ich gerade?
- Was braucht mein Gegenüber?
- Wie können wir unsere Bedürfnisse befriedigen?

Das ist ein Konzept, welches eine radikale Haltungsänderung erfordert. Die Gewaltfreie Kommunikation hat eine völlig andere Herangehensweise an Krisen und Probleme und erzielt damit eindeutig die besseren Ergebnisse.

**Gewaltfreie Kommunikation ist ermächtigend. Sie macht stark und selbstbewusst.**

Diese Art der Sprache sorgt für Verbindung und Vertrauen, weil sie zutiefst empathisch ist. Es ist ein wunderbares Gefühl, wenn wir uns verstanden fühlen. Wenn du mit deinem Kind empathisch sprichst, dann wirst du selbst in den größten Krisenmomenten eine Erleichterung beobachten können, die sich in deinem Kind ausbreitet. Es ist so, als würde eine Last von den Schultern genommen werden. Häufig kann ein erleichtertes Seufzen oder entspanntes Ausatmen beobachtet werden, wenn wir uns verstanden fühlen.

**Statt auf Vorurteile legen wir den Fokus bei der GFK auf die Wertvorstellungen.** Ein Vorurteil ist etwa Endgültiges. Es ist abgeschlossen. Wenn wir uns ein Urteil gebildet haben, ist das in Stein gemeißelt. Urteile beziehen sich auf Dinge, die in der Vergangenheit geschehen sind.

Unsere Wertvorstellungen sagen etwas über unsere Bedürfnisse und Wünsche aus.

Bei der GFK geht es darum, unsere eigenen Wertvorstellungen und die der anderen zu respektieren. Dabei können sich diese Werte von Mensch zu Mensch unterscheiden.

Mithilfe der Gewaltfreien Kommunikation kommen wir mit den Gefühlen und Bedürfnissen in Kontakt. Das gilt in Bezug auf uns selbst und auf unsere Kinder, Partner, Freunde, Kollegen und so weiter. Wir kommunizieren von Herz zu Herz, statt von Kopf zu Kopf. Wir lernen, Gefühle zu erkennen, zu benennen und zu beschreiben. Wir erkennen unsere eigene Verletzlichkeit an.

Mit Gewaltfreier Kommunikation machen wir es unseren Mitmenschen leicht, unsere Bedürfnisse zu erkennen und entsprechend zu handeln. Wir lernen, unsere **Wünsche, Erwartungen und Hoffnungen** friedlich zum Ausdruck zu bringen. Wir erkennen die **Einzigartigkeit** in jedem von uns an. Wir alle haben unterschiedliche Werte, Wertvorstellungen und Bedürfnisse, die nicht miteinander verglichen werden können. Sie sind individuell. Mithilfe der GFK bekommen wir die einzigartige Möglichkeit, diese Unterschiede zu feiern.

Es ist nicht länger notwendig zu vergleichen. Vergleiche machen unglücklich und wirken trennend. Sie trennen uns von unserer Lebendigkeit. Es geht auch darum, Verantwortung zu übernehmen. Verantwortung für unsere eigene Gefühlswelt, unser Denken und unser Handeln.

## Es gibt keine Fehler, denn alles tun wir aus gutem Grund

Welches Bedürfnis wurde hier nicht erfüllt? Was können wir tun, um das konstruktiv zu ändern?

Wir machen keine Fehler. Wir treffen bestimmte Entscheidungen. Diese sind weder falsch noch richtig. Wir treffen jede Entscheidung aus einem bestimmten Grund. Es gibt kaum Situationen, in denen wir uns bewusst für Schmerz und

Leid entscheiden. Auch wenn die Auswirkungen manchmal schmerzhaft und leidvoll sind, so war die zugrunde liegende Motivation für die Handlung, ein Bedürfnis zu erfüllen.

Gewaltfreie Kommunikation funktioniert deshalb, weil wir uns von der Annahme verabschieden, dass es so etwas wie Fehler gibt. Die Sichtweise der GFK ist offen, flexibel und bedürfnisorientiert. Sie ist weitsichtig und hinterfragt das Problem bis zu seiner Wurzel, um die Ursache zu finden. So brauchen wir nicht länger nur an den Symptomen herumzudoktern. Durch eine veränderte Haltung bekommen wir die Möglichkeit zu echtem Wachstum und persönlicher Weiterentwicklung.

**So wie du macht auch dein Kind alles aus einem „guten" Grund.**

Frage dich:

- Was könnte der „gute" Grund / die Motivation sein?
- Welches Bedürfnis möchte mit der Handlung befriedigt werden?

## Klarheit

Mithilfe der Gewaltfreien Kommunikation lernen wir, Klarheit zu erlangen. Wir lernen, uns verständlicher auszudrücken und mitzuteilen.

Zunächst lernen wir, die Dinge so zu sehen wie sie sind. Wir vermischen unsere Beobachtungen nicht mehr mit unseren Emotionen, Bewertungen und Interpretationen. Darüber hinaus vermischen wir nicht mehr die Gefühle der anderen mit unseren eigenen. Das sorgt für Klarheit im Denken und kann dazu beitragen, dass wir uns nicht mehr von anderen angegriffen fühlen und Dinge persönlich nehmen.

Außerdem lernen wir, unsere Gefühle wahrzunehmen und klar zu formulieren. Durch die GFK werden wir sozusagen dazu „gezwungen" zu formulieren, wie es uns im Moment geht und was wir brauchen, damit es unsere Lebensqualität verbessert. Das ist eine hervorragende Übung für strukturiertes Denken mit dem positiven Nebeneffekt, dass unsere Beziehungen sich verbessern.

Wir formulieren Bitten positiv. Dadurch sagen wir nicht mehr, was wir nicht wollen. Stattdessen vermitteln wir unserem Gegenüber, aber auch uns selbst, was wir wollen. Für unser Gehirn ist das fantastisch, denn dadurch wird die

Wahrscheinlichkeit erhöht, dass wir auch das bekommen, was wir uns wünschen. Positive und klar formulierte Ziele führen zum Erfolg.

## Der beziehungsfördernde Aspekt Gewaltfreier Kommunikation

Der Philosophie Gewaltfreier Kommunikation liegt eine zutiefst wertschätzende Haltung zugrunde. Diese wirkt sich beziehungsfördernd aus, weil wir die Andersartigkeit aller Menschen respektieren.

Durch den veränderten Blickwinkel, den wir durch die GFK erlangen, kann sich eine Gelassenheit ausbreiten, die allmählich zu echtem innerem Frieden heranwächst. Denn wenn wir den Fokus weglenken von Schuld und Fehlverhalten hin zu den Bedürfnissen als Motivationsgrundlage jeden Handelns, verändert sich die Energie. Du wirst es an dir selbst erleben, dass du sanftmütiger gestimmt bist und viel Ärger und Wut verfliegt, wenn du anfängst, bedürfnisorientiert zu denken.

Diese Art der Kommunikation gibt uns den nötigen Freiraum zu wachsen und respektiert den freien Willen. GFK ist deshalb beziehungsfördernd, weil sie zutiefst unserem natürlichen Wesen entspricht. Kinder haben von Geburt an das Bedürfnis, aus freiem Herzen zu geben. Dabei erwarten sie nichts. Jedes Lächeln kommt direkt aus dem Herzen und ist frei von jeglichen Strategien oder Hintergedanken.

GFK schafft vertrauensvolle Beziehungen und tiefe Verbindungen, die auf Respekt und Wertschätzung füreinander basieren. Indem wir andere Menschen und uns selbst respektvoll behandeln, schaffen wir die perfekten Voraussetzungen für eine echte Verbindung.

Außerdem ist eines der Grundprinzipien in der Gewaltfreien Kommunikation Empathie. Durch Empathie geben wir den Menschen die Freiheit, wirklich eigenständig eine Lösung zu finden. Das ist unglaublich ermächtigend und stärkt das Selbstwertgefühl.

Wenn wir empathisch sind, dann wird es unserem Kind nicht schwerfallen, zu uns zu kommen, wenn es Sorgen oder Probleme hat. Stell dir vor, du hast eine Person, die dich wirklich versteht. Die dir zuhört, ohne dich zu kritisieren und zu bewerten. Jemand, der dir durch seine Präsenz dabei hilft, dass es dir besser geht, du klarer denken kannst und deine eigene Lösung für das Problem findest.

Jemand, der dir nicht vorschreibt, was du tun sollst oder dir Ratschläge erteilt. Ist das nicht ein schöner Gedanke, so jemanden zu haben? Sei dieser Mensch für dein Kind. Und für dich selbst.

**Wie das geht, erfährst du in den Kapiteln „Empathie“ und „Selbstempathie“.**

## Wachstum und Entwicklung mit GFK

Mithilfe der GFK können wir ein Zusammenleben gestalten, welches alle Bedürfnisse erfüllt. Dabei lernen wir zu kooperieren und gemeinsame Ziele zu finden. Wir bleiben in Beziehung und im Gespräch.

Bei der herkömmlichen Kommunikation sorgen Konflikte oft dafür, dass es zum Beziehungsabbruch kommt. Wenn du die Gewaltfreie Kommunikation in Krisensituationen anwendest, kannst du trotz strittiger Themen in Beziehung bleiben. Das liegt daran, dass emotionale und sachliche Themen klar voneinander getrennt werden. Jeder übernimmt die Verantwortung für seine eigenen Gefühle.

Du kannst mit deinen Kindern über den Sinn oder Unsinn von Regeln sprechen, indem ihr über eure gegenseitigen Bedürfnisse redet. Das geht auch schon mit kleinen Kindern. Dadurch lernen sie frühzeitig, bedürfnisorientiert ihren Standpunkt zu vertreten. Sie lernen, Verantwortung zu übernehmen und dass es Spaß macht zu geben.

Wenn unsere Bedürfnisse erfüllt sind, dann sind das die besten Voraussetzungen für Wachstum und wirkt sich förderlich auf die Entwicklung aus. Wenn Familien nach GFK kommunizieren, lernen Kinder zu kooperieren, sich mitzuteilen, klar zu formulieren, was sie möchten und Nein zu sagen, wenn sie Dinge nicht tun wollen.

## Verantwortung übernehmen

Bei der GFK geht es darum, Verantwortung zu übernehmen und gleichzeitig Verantwortung übernehmen zu lassen.
*„Das musste ich tun.“*
*„Ich konnte nicht anders.“*
*„Das sind die Regeln.“*
*„Wir müssen uns an die Vorschriften halten.“*
*„Das sollte ich nicht tun.“*

Das alles sind Sätze, die Verantwortung abgeben. Wenn wir Verantwortung abgeben, wirkt sich das negativ auf unser Selbstwertgefühl aus. Wir machen uns dadurch selbst schwach und klein, indem wir glauben, wir hätten keine Wahl.

Bei der Gewaltfreien Kommunikation stärken wir unseren Selbstwert. Wir erfahren, dass wir mächtig sind. Mächtig genug, unsere eigenen Entscheidungen zu treffen und die volle Verantwortung zu übernehmen.

Dazu gehört auch, dass wir die Verantwortung für unsere Gefühle übernehmen. Gleichzeitig verzichten wir auf Schuldzuweisungen. Denn wem wir die Schuld geben, dem geben wir die Verantwortung und die Macht über unser Leben.

Mit der Gewaltfreien Kommunikation lernen wir eine ermächtigende Sprache, die den Selbstwert stärkt und verantwortliche Menschen hervorbringt, die ihre Bedürfnisse kennen und für ihre Gefühle einstehen.

## Gewaltfreie Kommunikation ist frei von Manipulation

Wenn wir Strategien wie Belohnungen, Kritik und Lob anwenden, möchten wir erwünschtes Verhalten verstärken und unerwünschtes Verhalten vermindern. Diese Dressur ist allerdings nicht im Sinne der Gewaltfreien Kommunikation.

In der GFK gehen wir davon aus, dass es kein richtig und falsch gibt, wenn wir aus der Perspektive der Bedürfnisse auf die Dinge schauen. Der Blick auf die Bedürfnisse macht es überflüssig, nach gewünschtem und unerwünschtem Verhalten zu unterscheiden.

Belohnungen und Lob bewirken unter Umständen, dass Handlungen nicht aus eigener Motivation heraus erfolgen, sondern um anderen zu gefallen. Wenn wir Dinge tun, weil wir sie tun wollen, machen wir das nicht für eine Belohnung. Die Belohnung ist das Resultat aus dem, was wir selbst erschaffen haben.

GFK funktioniert ohne Manipulation. Indem du deine eigenen Bedürfnisse äußerst und eine Bitte anschließt, die eine konkrete Handlung beinhaltet, veranlasst du dein Kind zur Kooperation. Es wird sich an der eigentlichen Handlung erfreuen, statt von einem Lob oder einer Belohnung abhängig zu sein.

In der Gewaltfreien Kommunikation bestehen wir nicht auf unsere Bitten und stellen keine Forderungen. Forderungen erfordern Konsequenzen, wenn sie nicht erfüllt werden. „Wenn du das nicht tust, dann passiert Folgendes." In der GFK werden Bitten formuliert, ohne Erwartungen. Wir erwarten ausschließlich, dass alle Handlungen nur dann ausgeführt werden, wenn wir selbst oder unser Gegenüber dies auch wirklich wollen. Das erfordert oft eine radikale Änderung unserer Perspektive und unserer Haltung.

Es ist okay, Nein zu sagen, wenn wir nicht wirklich von Herzen tun wollen, worum wir gebeten werden. Viel zu oft hören wir Forderungen. Das wirst du bemerken, wenn du anfängst, die Gewaltfreie Kommunikation zu praktizieren.

Wir streben das Ziel an, das Leben zu bereichern und leichter zu machen. Demzufolge werden wir immer mehr aus unserer eigenen Lebendigkeit heraus und aus einem Gefühl der spielerischen Freude tun.

**Praxistipp**
Weil wir es nicht gewohnt sind, wirst du es vermutlich am Anfang erleben, dass deine Bitten als Forderungen wahrgenommen werden. Vergewissere dich daher, ob dein Kind dich richtig verstanden hat und bitte es, zu wiederholen, worum du es gebeten hast.

## Friedlicher Austausch statt Machtausübung

Ein beliebter Machtkampf zwischen Eltern und Kindern, aber auch zwischen Partnern und Mitbewohnern, ist der tägliche Kampf um die Hausarbeit. Auch die Beziehungen zwischen Lehrern und Schülern kann zum Kampf ausarten, wenn es Machtverhältnisse gibt.

Bewertungen, Verurteilungen und die Angewohnheit, Dinge persönlich zu nehmen, können Auslöser für schmerzhafte Gefühle sein. Wenn wir davon ausgehen, dass Menschen uns bewusst das Leben zur Hölle machen wollen, dann erfüllt uns das nicht mit Freude. Wenn wir ein Verhalten persönlich nehmen, fühlen wir uns verletzt und angegriffen. Dann muss sich der andere ändern, weil er etwas falsch gemacht hat.

Bei der GFK gehen wir davon aus, dass jedes Verhalten von einer Motivation ausgelöst wird. Eine bestimmte Motivation führt zu einer bestimmten Handlung. Diese Motivation erwächst immer daraus, ein Bedürfnis zu erfüllen.

Wenn dein Kind seinem Bedürfnis nach Kreativität nachgeht und die Wände mit Wachsmalstiften bemalt, dann will es dich nicht in erster Linie ärgern. Wenn dein Nachbar bis nachts um drei zu wilder Rockmusik grölend mit seinen Freunden feiert, dann ist seine Motivation nicht, deinen Schlaf zu stören. In beiden Fällen gehen die betreffenden Personen lediglich ihren eigenen Bedürfnissen nach.

Wenn du aufhörst, die Dinge persönlich zu nehmen, sind keine Machtkämpfe mehr notwendig. Du wirst bei den genannten Beispielen darüber sprechen, was du beobachtest, welche Gefühle das in dir auslöst, was du brauchst und welche konkrete Handlung du erbittest. Mit einer empathischen Haltung.

## Liebe und Einfühlung

Gewaltfreie Kommunikation bedeutet, einfühlsame Verbindungen mit sich selbst und anderen einzugehen. Dabei sind deine Bedürfnisse gleichwertig wichtig und wertvoll wie die Bedürfnisse der anderen.

Zuallererst förderst du mit der Gewaltfreien Kommunikation eine liebevollere Beziehung zu dir selbst. Denn wie du mit dir selbst sprichst, wie du mit dir umgehst und was du von dir denkst, spiegelt sich immer in deinen Beziehungen wider.

Wenn wir lernen, gewaltfrei zu kommunizieren, dann setzen wir uns automatisch mit uns selbst auseinander. Wir lernen uns selbst besser kennen. Das geschieht, weil wir durch die Gewaltfreie Kommunikation mit unseren eigenen Gefühlen und Bedürfnissen in Berührung kommen.

In der GFK ist Liebe nicht an Bedingungen geknüpft. Es kann gleichzeitig ein Verhalten als störend betrachtet, aber die Person als wertvoller Mensch geachtet werden. Das wird möglich, indem wir unsere eigenen Wahrnehmungen und Wertvorstellungen nicht mit dem vermischen, was wir von der anderen Person erbitten. Wir schreiben niemandem vor, wie er sein, was er wollen oder denken soll.

## Werte vermitteln: Begleitung statt Erziehung

Bei der GFK geht es nicht darum, Kinder zu erziehen und sie zum Funktionieren zu bringen. Genauso wenig musst du funktionieren. Die GFK erinnert uns daran, dass wir keine Roboter sind.

Dafür brauchen wir **Vertrauen**.

Kinder können ohnehin nicht erzogen werden, denn sie lernen durch Nachahmung von den Menschen, zu denen sie eine emotionale Beziehung haben. Die Aufgabe von Eltern kann nicht sein, Kindern alles beizubringen, was sie im Leben brauchen.

*„Um ein Kind aufzuziehen, braucht es ein ganzes Dorf."*
Nigerianisches Sprichwort

Was allerdings die Aufgabe der Eltern ist, ist das Kind vor Dingen zu beschützen, mit denen es im Moment noch nicht umgehen kann. Das wäre zum Beispiel zu viel Druck, Angst sowie der Verlust und die Verletzung ihrer Bedürfnisse. Durch eine beziehungsfördernde Haltung und Kommunikation können wir unseren Kindern Halt geben und sie liebevoll begleiten, sodass sie sich nicht allein fühlen in der Welt.

Setze dich selbst nicht zu sehr unter Druck. Ich glaube, wir alle wollen in Bezug auf unsere Kinder immer alles richtig machen und sie perfekt auf das Leben vorbereiten. Dahinter steckt ein wundervolles Bedürfnis, für dieses kleine Wesen da zu sein und es zu beschützen.

Dafür musst du allerdings nicht perfekt sein. Sei einfach emotional für dein Kind da. Sei in Verbindung. Das ist schon alles.

Überlege dir, welche Werte dir wichtig sind und welche du deinem Kind vermitteln möchtest. Wenn du deine Werte kennst, kannst du deine Prioritäten dementsprechend setzen und entscheiden, wie du deine Zeit verbringst. Es lohnt sich, genau über deine Wertvorstellungen nachzudenken und zu entscheiden, was dir am wichtigsten im Leben ist. Dann kannst du dein Leben entsprechend deiner Werte ausrichten. Wenn du das tust, wird dein Kind automatisch miterleben und lernen, worauf es in eurer Familie ankommt und worauf ihr Wert legt.

### Übung: WERTE

1. Schreibe dir alle Werte auf, die dir persönlich wichtig sind.
2. Schreibe nun alle Werte auf, die du deinem Kind vermitteln möchtest.

Frage dich nun:

- Leben wir diese Werte in unserer Familie?
- Wann und wie lebe ich meinem Kind diese Werte vor?
- Mit welchen Aktivitäten kommen wir in unserer Familie diesen Werten nach?

**Hilfreiche Artikel zum Thema und eine Liste der Werte findest du hier: https://stevepavlina.de/werte-liste/**

## Umgang mit Wut und Frustration

Wut und Aggression sind immer die Folge von Frustration.

Was können die Ursachen für Frustration sein?

- Etwas funktioniert nicht für uns.
- Wir bekommen etwas nicht, was wir wollen.
- Ein Bedürfnis ist unerfüllt.
- Wir haben im Moment keine Strategie, dieses Problem zu lösen.

Das ist ein Gefühl, als würden wir gegen eine unsichtbare Wand laufen. Es fühlt sich dann wirklich frustrierend an, wenn wir nicht weiterkommen. Kinder sind kleine Wesen, die erst noch lernen, sich zu regulieren und mit Frustration umzugehen. Sie entwickeln mit unserer Hilfe Strategien, um mit diesem Gefühl umzugehen.

Dann haben sie die Chance, neue Auswege zu finden.

Mithilfe von Frustration entwickeln wir uns weiter. Denn wenn wir merken, dass etwas für uns nicht funktioniert, suchen wir nach Lösungen, die für uns besser funktionieren.

Wenn wir Frustration erleben, gibt es unterschiedliche Wege, wie wir damit umgehen:

1. Wir ändern etwas und finden eine Lösung für das, was nicht funktioniert. Dabei kommt es gelegentlich vor, dass die gewählte Lösungsstrategie gar nichts mit der Ursache der Frustration zu tun hat. (Beispiel: Ich bin traurig. Mein Bedürfnis nach Nähe ist unerfüllt. Lösung: Ich esse Schokolade.)
2. Wir können es nicht ändern. Dann werden wir mit der Tatsache konfrontiert, dass etwas vergeblich ist. Wir können zum Beispiel nicht die Zeit zurückdrehen und Dinge ungeschehen machen. Wir können nicht vermeiden, dass wir sterben. Eine Lösungsstrategie wäre dann, zu trauern und um die Vergeblichkeit zu weinen.

Frustration ist etwas, was wir nicht vermeiden können. Es ist sogar gut, denn wir haben die Chance, uns dadurch weiterzuentwickeln. Die Frage ist also nicht, wie du Wut, Trauer und Aggression als Folge der Frustration vermeiden kannst. Sondern wie du dein Kind gut durch den frustrierenden Moment begleitest. So erwächst in deinem Kind das Gefühl, dass seine Emotionen nichts Schlechtes, sondern ein Zeichen seiner Lebendigkeit sind.

- Du bist gut, wie du bist. Auch wenn du frustriert und wütend bist.
- Ich sehe und höre dich.
- Ich sehe, wie frustrierend das gerade für dich ist.
- Ich verstehe dich.
- Ich bin da.
- Ich liebe dich mit deinem Frust.
- Ich weiß, wie es sich anfühlt, frustriert zu sein. Komm her, ich bin da.

Dabei ist es nicht unerheblich zu erwähnen, dass in vielen Fällen sicherlich du selbst die Quelle der Frustration deines Kindes bist. Es ist normal, dass Kinder mit wachsendem Autonomiebestreben oft durch die Grenzen der Erwachsenen frustriert werden.

Das ist okay! Schließlich möchtest du dein Kind schützen und kannst ihm nicht alles erlauben, nur um Frust zu vermeiden.

Akzeptiere, dass es für dein Kind Grenzen und Begrenzungen gibt. Für dich ist es wichtig, deinem Kind mit einer selbstsicheren Haltung zu begegnen, wenn du beispielsweise Regeln oder Begrenzungen durchsetzt. Dabei ist es enorm hilfreich, dass du dir selbst bewusstmachst, warum es diese Grenzen bzw. Regeln gibt. Welchen Sinn hat diese Regel?

**Beispiel**
Das Mittagessen steht auf dem Tisch und die kleine Sophie will unbedingt ein Eis. Du möchtest aber nicht, dass sie ein Eis isst. Warum? Weil das Eis ungesund ist? Weil es zu viele leere Kalorien beinhaltet, die deine Tochter nicht ausreichend mit Nährstoffen versorgen?

Du nimmst eine selbstsichere Haltung an, indem du dir bewusst machst, warum das jetzt nicht erlaubt ist. Dabei brauchst du die Gründe für deine Entscheidung nicht unbedingt mit deiner 3-jährigen Tochter zu teilen, denn vermutlich wäre sie überfordert, wenn du ihr sagtest:
*„Ich möchte, dass du dein Mittagessen isst, weil ich will, dass du deinen Körper zuerst mit hochwertigen Nährstoffen versorgst, damit du gesund bleibst und über ausreichend Lebensenergie verfügst, um glücklich wie ein kleiner Frosch durch die Gegend zu springen."*

Es ist aber gut, wenn du diesen Grund für dich weißt. Damit stärkst du deine Haltung und kannst viel besser mit der Frustration deines Kindes umgehen. Vielleicht ist es dir gar nicht wichtig, ob sie ein Eis isst oder das Mittagessen, weil du weißt, dass sie trotzdem mit ausreichend Nährstoffen versorgt ist. Dann wäre deine Haltung nicht authentisch und du hättest Zweifel. Dementsprechend unsicher wäre auch die Kommunikation mit deinem Kind.

**Zurück zum Beispiel**
Die kleine Sophie ist nun vermutlich höchst frustriert und fängt an zu weinen.
*„Ich will aber das Eis haben!!!!!"*

Die Haltung der Mama ist einfühlsam:
*„Ja, ich weiß, du willst unbedingt das Eis haben."*
*„Ich verstehe, wie gerne du jetzt das Eis essen willst."*

Hierbei geht es zunächst noch nicht darum, eine Lösung zu finden.

Begleite dein Kind durch die frustrierende Zeit, indem du ihm Empathie schenkst.
*„Es ist wirklich schade."*
*„Ich verstehe, wie frustriert du bist."*

Vermeide dabei trösten, ablenken oder das Weinen abstellen zu wollen. Haltet gemeinsam den Frust aus. Sei da. Es geht wieder vorbei.

Denke daran: Du bist die Führungsperson, an der sich dein Kind orientieren kann. Du bist größer, weiser, stärker. Du weißt besser, dass Süßigkeiten jetzt gerade nicht gut sind.

**Das Wichtigste im Umgang mit Frust ist Empathie. In einer akuten Stresssituation (Wutausbruch) bringt es nichts zu diskutieren.**

## Konflikte gewaltfrei lösen

Sobald ein Konflikt auftaucht, ist immer mindestens ein Bedürfnis von mindestens einer der beteiligten Personen unerfüllt. Finde heraus, welche Bedürfnisse das sein könnten.

Frage dich:
- Was können wir tun, damit es allen wieder gut geht?

In vielen Fällen geht es darum, dass du etwas willst, was dein Kind nicht will. Oder dein Kind will etwas, was du nicht willst.

- Was ist das?
- Warum geht das jetzt nicht?
- Was ist der Grund für deine Entscheidung?
- Warum willst du jetzt etwas anderes?

Wenn dein Kind nicht bekommen hat, was es wollte, wird es frustriert sein. Es wird vermutlich weinen und schreien. Nimm es in den Arm. Du kannst für dein Kind da sein, obwohl du Nein gesagt hast.

Dabei ist es hilfreich, dass du dir selbst die Gründe dafür klarmachst und diese deinem Kind in seiner Sprache vermittelst:

**Beispiel**

*„Ich weiß, du bist gerade ganz verzweifelt, weil du willst, dass (...) (Empathie) und ich verstehe dich, denn ich freue mich auch so sehr, wenn wir (Aktivität, die gerade nicht möglich ist) machen.*
*(Pause. Langsamkeit in der Empathie)*
*Und ich bin für dich da.*
*Gleichzeitig möchte ich, (dein Bedürfnis).*
*Deswegen machen wir es so (Bitte).“*

## Umgang mit Protest des Kindes

Bedenke, dass auch der Protest deines Kindes etwas Gutes und Gesundes ist.

Erinnerung: Gefühle können entweder Freude oder Schmerz verursachen. Unerfüllte Bedürfnisse erzeugen schmerzhafte Gefühle. Erfüllte Bedürfnisse erzeugen freudige Gefühle.
Wenn dein Kind zum Beispiel bitterlich weint oder wütend ist, könntest du ihm zunächst ganz viel Empathie geben und einfühlsam in Verbindung gehen.

Dann könntest du seine Gefühle benennen:
*„Du bist gerade so frustriert, wütend, ängstlich"* usw.

Manchmal bist du vielleicht unsicher, wie es sich gerade fühlt. Dann kannst du sagen:
*„Oh, das tut dir grad weh."*
*„Das ist grad schmerzhaft für dich."*

Auch, wenn es ein emotionaler Schmerz ist. Wenn dein Kind die Süßigkeiten beim nächsten Mal nicht bekommt, dann stell dir vor, es hätte sich den Arm gestoßen. Es tut weh. Die Situation ist vergeblich. Und du bist trotzdem da.

**Voraussetzung dafür ist Empathie und Selbstempathie. Wenn deine Energiereserven aufgebraucht sind, kannst du keine Empathie geben.**

## Gewaltfrei schreien

Bei der GFK geht es nicht darum, Konflikte zu vermeiden und immer nett und ruhig zu bleiben. Manchmal willst du vielleicht einfach nur deinen ganzen Frust herausschreien.
Das ist okay! Alles ist erlaubt. Deine Gefühle und Emotionen dürfen sein. Beim gewaltfreien Schreien distanzierst du dich von Schuldzuweisungen. Du sagst nicht, was mit deinem Kind oder anderen Menschen nicht stimmt. Niemand ist schuldig. Niemand hat etwas falsch gemacht. Benutze andere Menschen nicht als Ventil für deinen Schmerz. Richte stattdessen deine gesamte Aufmerksamkeit auf deinen eigenen Schmerz, den du gerade empfindest.

Was brauchst du jetzt?

Du kannst diesen Schmerz auch schreiend zum Ausdruck bringen, wenn du dich danach fühlst: *„Ich bin gerade so frustriert! Ich brauche (Bedürfnis: z. B. Ordnung, Nähe, Verständnis, Kooperation, usw.)!!!!"*

## Grenzen

Es gibt vier Arten von Begrenzungen:

**1. Natürliche Grenzen, die uns das Leben gibt**
Beispiele für Grenzen, die Kinder erleben:
- nicht dazu gehören (z. B. anderes Kind will nicht mitspielen)
- Dinge nicht bekommen (Spielsachen, Süßigkeiten)
- körperliche Begrenzungen/Einschränkungen (nicht so stark sein wie sie wollen)
- geistige oder sprachliche Grenzen (nicht ausdrücken können, was sie gerade wollen)

**2. Grenzen, um vor Gefahren zu schützen**
Beispiele für Gefahren, vor denen wir unsere Kinder mithilfe von Grenzen schützen:
- auf die viel befahrene Straße laufen
- mit lebensgefährlichen Gegenständen oder Substanzen spielen
- Zugang zu elektrischen Geräten
- vor Menschen schützen, von denen eine potenzielle Gefahr ausgeht

**3. Grenzen, die unser Zusammenleben vereinfachen**
Beispiel für Grenzen, wenn unsere Bedürfnisse kollidieren:

Dein Kind will in der Wohnung eine Schlammschlacht veranstalten oder mit Aquarellfarben ein Kunstwerk auf dem Teppich erschaffen.
Dabei besteht keine potenzielle Lebensgefahr. Trotzdem wirst du vielleicht nicht damit einverstanden sein.
In diesem Beispiel wäre dein Bedürfnis Ordnung und Sauberkeit. Das Bedürfnis deines Kindes ist Kreativität.
Damit dein Kind sein Bedürfnis trotzdem ausleben kann, könnte es zum Beispiel draußen mit Schlamm spielen. Oder im Kinderzimmer den Teppich bemalen.

**4. Grenzen, welche die emotionale und körperliche Unversehrtheit betreffen**
Beispiele:
- gesunde Ernährung
- ausreichend Schlaf
- Schutz vor überfordernden Inhalten aus Medien

**Wie entscheide ich, welche Grenzen sinnvoll sind?**
Überlege dir, welche Grenzen es in deiner Familie gibt.
Ordne diese in die oben erwähnten Kategorien ein.

Fragen zu Grenzen, die dein Kind betreffen:

- Welchen Sinn hat diese Grenze?
- Handelt es sich um eine echte Gefahr?
- Wovor schützt diese Grenze?
- Unterdrücke ich mit dieser Grenze ein wichtiges Bedürfnis meines Kindes?
- Gibt es eine Alternative, wie ich meinem Kind dieses Bedürfnis trotz der Grenze erfüllen kann?

Fragen zu Grenzen, die dich betreffen:

- Was sind meine eigenen Grenzen?
- Wo komme ich an meine Grenzen?
- Was brauche ich, wenn ich an meine Grenzen komme?

**Grenzen vs. Freiheit**

Je älter unsere Kinder werden, desto größer wird ihr Erfahrungsschatz. Gleichzeitig steigen ihre Fähigkeiten, Dinge selbst zu tun, Verantwortung zu übernehmen und Gefahren besser einzuschätzen.

Mit wachsender Reife kannst du deinem Kind daher mehr Freiheiten gewähren. Dabei ist es nicht unbedingt abhängig vom Alter, wie viel Verantwortung dein Kind übernehmen kann bzw. welcher Grad an Freiheit angemessen ist.

Es liegt in deinem Ermessen zu entscheiden, ob dein Kind mit der Freiheit und der Verantwortung überfordert ist. Weiterhin hängt es davon ab, ob dein Kind bereits die notwendigen Fähigkeiten und Strategien erlernt hat, um mit dem gewünschten Maß an Freiheit und Verantwortung zurechtzukommen.

Hilfreiche Fragen sind:

- Ist mein Kind reif genug, mit der Verantwortung umzugehen?
- Wie viel Freiheit kann ich meinem Kind erlauben?
- Besteht eine Gefahr oder nicht?
- Kann ich die Gefahr minimieren und meinem Kind dadurch die gewünschte Freiheit gewähren?
- Schränkt die Grenze das Bedürfnis nach Autonomie so stark ein, dass wir eine Lösung finden müssen?
- Kann ich meinem Kind schon mehr Freiheit geben oder sollte ich noch begrenzen?

Das Ziel ist es, dein Kind zur Autonomie und Selbstständigkeit zu begleiten. Dabei ist es wichtig, nicht zu überfordern, wenn es etwas noch nicht kann. Wenn

Kinder etwas noch nicht können, wirkt Freiheit überfordernd. Andererseits schränkt es die Entwicklung und das Wachstum ein, zu begrenzen, wo Freiheit möglich wäre.

Beobachte, ob die Freiheit dein Kind überfordert. Oder ob die Begrenzung zu einschränkend ist. Dann kannst du auch je nach Bedarf wieder mehr begrenzen, wenn die Freiheit dein Kind überfordert hat oder mehr Freiheit geben, wenn die Begrenzung zu eng war.

Allgemein gilt: Je jünger oder unreifer das Kind, desto mehr Begleitung und Unterstützung braucht es. Kleinere Kinder können sich noch nicht regulieren und es mangelt ihnen an Erfahrungswerten, auf die sie zurückgreifen können, um Entscheidungen zu treffen. Je reifer das Kind wird, desto mehr Verantwortung kann und sollte es übernehmen.

Wenn wir Kinder zu sehr einschränken oder zu viele Dinge abnehmen, aus Angst, Freiheit zu gewähren, kann sich das negativ auf das Selbstwertgefühl auswirken und das Bedürfnis nach Autonomie und Wachstum einschränken.

- **Emotionale Reife hat nichts mit dem Alter zu tun.**
- **Grenzen werden von uns als frustrierend erlebt, wenn wir anders wollen als im Moment möglich ist.**

# Voraussetzungen für die Anwendung der Gewaltfreien Kommunikation mit Kindern

## Gespräche führen mit einer beziehungsfördernden Haltung

Bei der Gewaltfreien Kommunikation geht es nicht nur darum, was du sagst. Es kommt auch auf deine **innere Haltung und Gedanken** an. Noch bevor die Gewaltfreie Kommunikation überhaupt zum Einsatz kommt, ist es wichtig, eine gewaltfreie Haltung einzunehmen. Eine Haltung, die von Empathie, Liebe und Wertschätzung geprägt ist.

Hierbei ist zwar die geistige Haltung gemeint. Allerdings kann es gerade in Konfliktsituationen zur geistigen Entspannung beitragen, wenn du deinen Körper bewusst entspannst. Womöglich nimmst du eine andere Körperhaltung ein, wenn du dich gestresst fühlst. Wenn du wütend bist, stehst du da manchmal mit angespanntem Bauch und geballten Fäusten da? Verändert sich dein Gesichtsausdruck? In solchen Situationen spannen sich unsere Muskeln an.

Stress löst einen Alarm in unserem Gehirn aus. Wir bereiten uns instinktiv auf eine potenzielle Gefahrensituation vor, indem wir uns bereitmachen für Kampf oder Flucht. Manchmal fühlen wir uns dann auch wie erstarrt.

All diese körperlichen Erscheinungen deuten darauf hin, dass eine bestimmte Situation in uns Stress ausgelöst hat. Wie du die Situation bewertest, liegt an deiner inneren Haltung. Doch wenn du dich in Krisen, Problemen und stressigen Situationen befindest, kann es hilfreich sein, aktiv auf deinen Körper einzuwirken. Das tust du, indem du dich selbst wahrnimmst.

Frage dich, an welcher Körperstelle die Anspannung sitzt und entspanne diese Stelle aktiv. Entweder durch Massagen, indem du deine Aufmerksamkeit darauf richtest oder Affirmationen wie: „Ich bin vollkommen entspannt" aussprichst. Du kannst auch deinen Atem bewusst tiefer und langsamer werden lassen. Das kann eine Erste-Hilfe-Lösung sein, wenn du dich in einem allzu erhitzten Gespräch befindest.

**Eine „Erste-Hilfe-Übung in stressigen Situationen" findest du im Kapitel „Übungen".**

## Zuhören mit Giraffenohren

Beim Zuhören mit Giraffenohren folgen wir derselben Struktur von Beobachten, Gefühl, Bedürfnis und Bitte. Unabhängig von dem, was jemand sagt, hören wir auf das, was jemand mit dem Gesagten beobachtet, fühlt, braucht und erbittet.

Stell dir vor, alles Gesagte wird durch deinen persönlichen „Giraffenohrenfilter“ geleitet, bevor es dich erreicht. Damit hast du die Möglichkeit, wirklich zu verstehen, was dein Gegenüber eigentlich ausdrücken will, egal was er oder sie sagt.

Das Zuhören in der GFK ist mit achtsamer Beobachtung verbunden. Indem du Verhalten und Gesagtes beobachtest, hast du die Möglichkeit, die Bedürfnisse deines Gegenübers herauszufiltern. Das erfordert zu Beginn ein wenig Übung und Einfühlungsvermögen.

Auch wenn du nicht immer genau weißt, was genau in deinem Gegenüber vorgeht: Achte darauf, welche Gefühle das Gesagte bei dir auslöst. In der Psychologie gibt es das Phänomen der Übertragung. Das bedeutet, dass du manchmal die Gefühle deines Gegenübers spürst. Das liegt an den sogenannten Spiegelneuronen. Wir interpretieren innerhalb weniger Millisekunden die Mimik und Gestik der Person, mit der wir zusammen sind. Diese Prozesse passieren unbewusst. Dadurch stellen wir uns auf unser Gegenüber ein und entwickeln ähnliche Gefühle.

Stelle dir folgende Fragen:

- Welche Gefühle könnte mein Gegenüber haben?
- Welche Bedürfnisse könnte mein Gegenüber haben?
- Was kannst du oder könnt ihr konkret tun, um das Leben leichter zu machen, zu verbessern oder zu bereichern?

## Empathie

**Empathie ist die Fähigkeit und die Bereitschaft, sich feinfühlig in jemanden hineinzuversetzen und zu vermuten, wie es dem anderen gerade geht und was er braucht. Diese Fähigkeit ist grundlegend in jedem Menschen angelegt.**

Fühle dich ein. In dich selbst und in dein Gegenüber.

Wenn wir unseren Kindern empathisch zuhören, geben wir ihnen die Möglichkeit, eigene Gefühle und Gedanken zu reflektieren. Wir stärken dadurch ihr

Selbstwertgefühl und zeigen ihnen, dass sie und ihr Anliegen uns wichtig sind. Wir nehmen uns bewusst Zeit, um mit unserer gesamten Aufmerksamkeit da zu sein.

Wir brauchen Empathie, wenn etwas für uns nicht funktioniert. Zum Beispiel, wenn wir uns wütend, traurig, verzweifelt, unsicher oder hilflos fühlen.

**Hindernisse für einfühlsames Zuhören sind zum Beispiel:**

- Ratschläge geben
- Analysieren und Ausfragen
- Aufmuntern und Ablenken
- Trösten und Mitleid
- Lösungen anbieten
- Vorschläge machen, wie dein Kind denken, fühlen oder handeln sollte
- Selbst eingreifen und anstelle des Kindes handeln

Diese Strategien **blockieren** die Empathie. Sie können dafür sorgen, dass Kinder sich missverstanden und allein gelassen fühlen. Manchmal kann es sogar vorkommen, dass sie sich gänzlich verschließen und sich den Eltern nicht mehr anvertrauen.

Mit einer **einfühlsamen Haltung** lassen wir unser Gegenüber sein Anliegen vollständig ausdrücken. Das signalisiert echtes Interesse und schafft eine tiefe Verbindung. Wenn wir Mitgefühl und Empathie erfahren, erleben wir Erleichterung. Das Bedürfnis, gehört und gesehen zu werden, gehört zu unseren stärksten Bedürfnissen.

**Wenn wir uns in einem Gefühl wirklich verstanden und angekommen fühlen, schafft das Verbindung. Wir finden dann oft selbstständig unsere eigenen Lösungen.**

**Ein geeignetes Setting schaffen**

Begegne deinem Kind auf Augenhöhe. Bitte deinen Sohn oder deine Tochter, sich mit dir hinzusetzen.

Schaffe eine Atmosphäre, in der ihr euch wohlfühlt. Vielleicht kannst du ein Getränk, ein Lieblingskuscheltier oder eine Decke zu Hilfe nehmen, damit sich dein Kind besser entspannen und einlassen kann.

Sorge dafür, dass Ablenkungen wie Telefonanrufe, Handys oder andere Personen euer Gespräch nicht stören.

**Emphatisch zuhören**
Empathie erfordert **Präsenz.**

Sei voll und ganz da.

Bleibe mit deiner gesamten Aufmerksamkeit bei deinem Gegenüber.

Lass deine eigenen Gedanken, Interpretationen und Bewertungen leise werden.

Konzentriere dich ausschließlich auf das Gefühl, welches du bei deinem Kind wahrnimmst.

Du kannst eine empathische Haltung annehmen, ohne etwas zu sagen. Dein Gegenüber wird spüren, dass du präsent bist.

Es kann allerdings auch hilfreich sein, deinem Gegenüber zu **spiegeln**, was du wahrnimmst:
*„Du bist wütend."*
*„Du bist traurig."*
*„Ich spüre, wie verzweifelt du bist."*
*„Ich sehe, wie wütend dich das macht."*

Bleibe beim Gefühl und vermeide möglichst Fragen, wenn du deinem Kind Empathie schenkst. Fragen bringen uns ins Denken und heraus aus dem Gefühl. Daher ist es hilfreich, Vermutungen über die Gefühle anzustellen (Das frustriert dich, das macht dich traurig usw.). Wenn du mit der Vermutung daneben liegst, wird dir dein Kind das mitteilen:
*„Nein, ich bin nicht traurig, ich bin wütend!"*

Dann kannst du einfühlend auf dieses Gefühl eingehen:
*„Ah, du bist wütend."*

**Aushalten**
Es kann eine echte Herausforderung sein, sich an die Grundsätze empathischen Zuhörens zu halten, wenn für dein Kind etwas nicht funktioniert. Es kann sehr schwierig sein, das auszuhalten. Vor allem, wenn Ungerechtigkeit oder Gewalt im Spiel sind.

Trotzdem ist es manchmal notwendig, unangenehme Gefühle und auch Schweigen auszuhalten. Mache dir bewusst, dass du jetzt im Moment nichts tun musst. Geh nicht vorschnell ins Handeln. Nimm davon Abstand, vor deinem Kind zu bewerten oder zu verurteilen. Sei einfach da.

Jetzt und hier geht es ausschließlich um das Gefühl deines Kindes und dass du dich mit ihm verbindest.

- **Nimm dir Zeit.**
- **Zeige Verständnis.**
- **Stelle bei Bedarf Fragen, die dein Kind zum Nachdenken anregen und eigene Lösungen finden lassen.**
- **Schweigen ist okay! Halte Gesprächspausen und unangenehme Gefühle aus. Dabei ist Selbstempathie hilfreich.**
- **Bleibe präsent.**
- **Es geht bei der Empathie nicht in erster Linie darum, ein Problem zu lösen und ins Handeln zu kommen.**

**Diese Gefühle lösen Empathie in deinem Kind aus:**

- Verbindung
- sich verstanden fühlen
- Erleichterung
- Entspannung

Ein empathischer Zuhörer kann wie ein Rettungsanker in Seenot sein, wenn die Wellen unserer Gefühle uns zu ertränken drohen. Dabei musst du nichts tun. Stattdessen darfst du sein. Stell dir vor, du wärst ein Fels in der Brandung der Gefühle, an dem dein Kind hochklettern und Sicherheit finden kann.

Die Voraussetzung, Empathie schenken zu können, ist, dass du dich selbst nicht in Seenot befindest.

Gefühle können ansteckend wirken und stressige Situationen können dich so sehr beeinträchtigen, dass du dich zunächst selbst versorgen musst, bevor du für andere da sein kannst. Dabei ist die Selbstempathie dein Rettungsanker.

## Selbstempathie

**Selbstempathie ist die Fähigkeit, sich feinfühlig in mich selbst hineinzuversetzen und zu sehen, was ich gerade brauche.**
Selbstempathie ist wichtig, um deine Gefühle zu erkennen und die darunter liegenden Bedürfnisse zu identifizieren.

- Wenn du einfühlsam mit dir selbst umgehst, füllst du deine Energiereserven wieder auf.
- Bewerte dein Verhalten danach, wie gut es deine Bedürfnisse erfüllt.
- Führe so viele lebensbereichernde Maßnahmen durch wie möglich.

Verabschiede dich endgültig von:
- Selbsthass
- Schuld
- Scham
- Selbstkritik

Entscheide dich stattdessen für:
- **Selbstliebe**
- **Mitgefühl**
- **Respekt**
- **Wertschätzung**
- **Verständnis**

Selbstempathie und Selbstliebe werden sich auf die Qualität all deiner Beziehungen auswirken und eine echte Bereicherung in dein Leben bringen.

Vermeide negative Selbstgespräche und Bewertungen.
Frage dich stattdessen:
- **Was brauche ich gerade?**
- **Was ist mein Bedürfnis?**

Um anderen Menschen Empathie schenken zu können, müssen unsere eigenen Empathiespeicher gefüllt sein. Aus diesem Grund ist Selbstliebe und Selbstempathie alles andere als egoistisch.

Deine Bedürfnisse sind genauso viel wert, wie die Bedürfnisse der anderen.
Bei der Gewaltfreien Kommunikation geht es darum, Verständnis für die Bedürfnisse deines Kindes zu entwickeln. Fang dafür zunächst bei dir selbst an.

## Übung: DIE EIGENEN BEDÜRFNISSE HERAUSFILTERN UND ANERKENNEN

Notiere dir für den Zeitraum von einer Woche alle Situationen, die du als schwierig empfunden hast.

Sieh dir die Liste deiner persönlichen Herausforderungen am Ende der Woche an.

Beantworte dann folgende Fragen:

- Was hätte dir in den einzelnen Momenten geholfen?
- Welche deiner Bedürfnisse waren nicht erfüllt?
- Was kannst du tun, um dir diese Bedürfnisse in Zukunft zu erfüllen?
- Was kannst du tun, um entspannter und gelassener zu reagieren?

Angst, Enttäuschung, Kummer, Scham und alle weiteren unerfüllten Gefühle empfinden wir aus dem Grund, die Situation unseren Bedürfnissen zuliebe zu verändern. So geschieht Weiterentwicklung.

Die wichtigste Grundlage dabei ist: Deine Lösungsstrategie ist eine Bereicherung und macht dein Leben leichter. Keine faulen Kompromisse mehr auf Kosten deines Selbstwertgefühls.

Etabliere den Anspruch in deinem Leben, dass du alles aus einer inneren, spielerischen Freude heraus tust. Nicht aus einem Gefühl der Scham, Verzweiflung, Angst, Verpflichtung oder Schuld heraus. Sondern mit dem ehrlichen Wunsch zu geben und dein Leben zu bereichern. Denn damit bereicherst du auch das Leben der anderen.

Vielleicht verspürst du in diesem Moment ein Gefühl des Widerstands und denkst:
*„Wie soll das gehen?"*
*„Ich habe Kinder, ich habe Verpflichtungen!"*
*„Es gibt Dinge, die einfach getan werden müssen, damit alles so funktioniert wie es soll."*
*„Wer würde es sonst tun, wenn nicht ich?"*

Ja, das stimmt. Manchmal gibt es Dinge, die wir tun, obwohl wir nicht wollen. Vielleicht möchtest du noch eine Stunde länger schlafen, nachdem der Wecker dich um 6 Uhr aus dem Bett geklingelt hat. Doch du stehst auf, bereitest das Frühstück zu, weckst deine Kinder, bringst sie zur Schule und fährst danach zur Arbeit.

**Die andere Seite der Medaille**
Eine veränderte Perspektive kann dir dabei helfen, auch Tätigkeiten, die du nicht immer mit spielerischer und lebendiger Freude tust, in einem anderen Licht zu sehen.

Mache dir dafür bewusst, was du in dem Moment Positives tust.

- In welcher Form **bereicherst du damit das Leben** deines Kindes, deines Partners oder dein eigenes Leben?
- Was ist der **Nutzen** deiner Handlung?
- Welchem höheren **Zweck** dient es?
- Welchen **Sinn** hat es?

Wenn du dich darauf fokussierst, welche **lebensfördernden und positiven** Absichten hinter deinen Handlungen stehen, kann das auch die langweiligste oder nervigste Tätigkeit schön und wertvoll machen.

### Übung: DIE ANDERE SEITE DER MEDAILLE

Mache dir jetzt eine Liste mit allen Dingen, die du tust, obwohl du sie nicht magst. Notiere alle nervigen und kräftezehrenden Tätigkeiten.

Schau dir die einzelnen Tätigkeiten an und frage dich bei jeder einzelnen:
- Was ist der Sinn/Zweck/Nutzen dieser Tätigkeit?
- Was ist das Ziel der Tätigkeit?
- Wem dient sie?
- Muss ich das tun?
- Gehört diese Tätigkeit zu meinen unveränderlichen Aufgaben?
- Könnte ich diese Tätigkeiten an jemand anderen abgeben?
- Gibt es die Möglichkeit, diese Tätigkeit wegzulassen?
- Welches Bedürfnis erfülle ich mir oder anderen damit?

Formuliere zu jeder einzelnen Tätigkeit den Satz:
*„Ich habe (diese Tätigkeit) gewählt, weil ich (…) möchte.“*

Durch einen einfachen Perspektivwechsel bzw. eine kleine Veränderung in deinem Sprachgebrauch gibst du dir selbst die Möglichkeit, die Dinge in einem anderen Licht zu sehen.

Mache dir bewusst, dass du die Dinge nicht tun musst. Du hast sie frei gewählt, weil auch die unbeliebtesten Aufgaben und Tätigkeiten einen Sinn ergeben und ein Bedürfnis befriedigen können. Finde heraus, welchem Zweck die Tätigkeiten auf deiner Liste dienen.

**Was ist der Sinn dieser Übung?**
Das Ziel der Übung ist es, zu erfahren welchen Sinn diese ungeliebten Tätigkeiten haben. Du hast dabei die Möglichkeit, achtsam zu analysieren, was der Nutzen ist.

Vielleicht stellst du bei näherer Analyse fest, dass bestimmte Tätigkeiten rein gar keinen Nutzen und Sinn haben. Dabei kannst du zu folgenden Ergebnissen kommen:

1. Du findest heraus, dass es rein gar keinen Nutzen bringt? Gut. Du kannst es möglicherweise weglassen.
2. Du erkennst plötzlich den zugrunde liegenden Wert der Tätigkeit. Du bereicherst in irgendeiner Form dein Leben, das Leben deines Kindes oder deines Partners. Vielleicht kannst du die Tätigkeit jetzt in einem anderen Licht sehen. Vielleicht kannst du den zugrunde liegenden Sinn mit mehr Wertschätzung betrachten als zuvor.
3. Du entdeckst, dass die Tätigkeit zwar Sinn ergibt, aber du hasst sie noch immer? Gibt es eine Möglichkeit, sie zu delegieren bzw. auszulagern? Besteht die Möglichkeit, dass du sie einfach mit einer angenehmeren Tätigkeit ersetzt? Vielleicht gibt es auch die Möglichkeit, die Tätigkeiten so zu modifizieren, dass sie dir Freude bereiten. Denke über eine kreative Lösung nach.

- **Je höher die spielerische Freude in deinem Leben, desto selbstempathischer bist du. Und desto empathischer gehst du mit deinem Kind und anderen Menschen um.**
- **Mache dir klar, welchem Bedürfnis deine Handlungen dienen.**
- **Tipp: Brauche deine Kraftreserven niemals so weit auf, bis nichts mehr übrig ist.**

**Auch hilfreich: Die Übung „Müssen vs. Wollen“ im Kapitel „Übungen.“**

## Selbstliebe

Irren ist menschlich. Wir alle sagen oder machen hin und wieder Dinge, die wir im Rückblick nicht gut finden und lieber nicht getan hätten. Vor allem im Umgang mit unseren Kindern möchten wir eigentlich am liebsten alles richtig machen.

Umso mehr bereuen wir es oft, wenn wir uns nicht unseren Vorstellungen entsprechend verhalten haben. Gerade deshalb ist es so wichtig, dass du Selbstliebe praktizierst, statt dich zu verurteilen, wenn du dich „falsch" verhalten hast.

Denke an den dritten Haltungsgrundsatz der GFK:
**Menschen tun zu jedem Zeitpunkt das Beste, was ihnen in diesem Moment zur Verfügung steht.**
Bedenke also, dass du immer alles so gut machst, wie du im Moment kannst und weißt.

**Vergebung** spielt bei der Selbstliebe eine entscheidende Rolle. Wenn wir uns und unseren Mitmenschen nicht vergeben können, wirkt sich das massiv auf unsere Lebensqualität, persönliche Weiterentwicklung und Freiheit aus. Vergebung fällt um einiges leichter, wenn du Empathie beziehungsweise Selbstempathie praktizierst.

Beantworte dir selbst bitte folgende Fragen:

- Wie genau bringt es dich oder andere weiter, wenn du dich nach einem begangenen Fehler verurteilst? (Dazu zählen Schuldgefühle, Urteile, Bewertungen und Schamgefühle)
- Inwiefern hilft dir dieses Verhalten, die Situation zu verbessern?
- Inwiefern helfen dir oder deinem Umfeld negative Selbstgespräche weiter?

Du möchtest dein Leben, das Leben deines Kindes und deiner Familie verbessern. Davon gehe ich jetzt einfach aus, denn sonst hättest du mit ziemlich hoher Wahrscheinlichkeit dieses Buch nicht bis hierher gelesen. Ich gehe also davon aus, dass du etwas zum Positiven verändern, Glück in dein Leben holen, Harmonie in deiner Familie erschaffen und echte Verbundenheit erleben willst.

Frage dich deshalb bei jeder einzelnen Handlung und jedem Gedanken:

- Bringt mich das meinem Ziel näher?
- Bereichert diese Handlung und dieser Gedanke mein Leben?

Wenn die Antwort Nein lautet, dann ist es Zeit für Selbstliebe und Selbstempathie.

Durch die einfache Veränderung deiner Geisteshaltung in Bezug darauf, wie du dich selbst wahrnimmst und ob du dich selbst lieber verurteilen und beschimpfen oder mitfühlend annehmen willst, entsteht Wachstum. Dieser einfache Schritt der Vergebung birgt ein unglaubliches Potenzial der Entwicklung.

Frage dich nicht, warum du etwas getan hast. Versuche nicht zu analysieren. Frage dich stattdessen:
- Welche Bedürfnisse waren in dem Moment nicht erfüllt?
- Welche Bedürfnisse wollte ich mir mit meinem Handeln erfüllen?

Sobald du dich auf deine Bedürfnisse fokussierst, schwindet jede Form von Selbsthass und Selbstverurteilung wie von selbst.

- **Beurteile jede deiner Handlungen danach, wie viel Lebensfreude sie dir bringt.**
- **Vergebung erzeugt eine mitfühlende Macht und schafft Raum für Empathie und Selbstliebe.**

# 2. Teil: Praktische Anwendung

**Technik:**
**Beobachte** wertfrei und sachlich.
Teile dein **Gefühl** und das daraus resultierende **Bedürfnis** mit.
Formuliere dann eine **Bitte**, die dein Leben erleichtert.

**Haltungs-Grundannahmen**

1. Alles, was wir tun, machen wir, weil wir ein Bedürfnis erfüllen wollen.
2. Menschen wollen grundsätzlich zum Leben der anderen beitragen. Wir haben eine angeborene Kooperationsbereitschaft und helfen gerne.
3. Menschen tun zu jedem Zeitpunkt das Beste, was ihnen in diesem Moment zur Verfügung steht.

Bei der GFK wendest du die Technik immer in Verbindung mit den drei Haltungs-Grundannahmen an. Sei dabei geduldig mit dir selbst. Gerade am Anfang mag sich diese Art zu sprechen befremdlich anfühlen. Vielleicht funktioniert es nicht immer sofort. Möglicherweise wirst du mit Widerständen von Freunden oder aus der Familie konfrontiert.

Das ist okay! Wenn du GFK in dein Leben integrierst, ist das eine Veränderung deiner Gewohnheiten. Das erfordert zu Beginn viel Geduld und Übung. Außerdem mögen wir Menschen allgemein Veränderungen nicht so gerne.

Erinnere dich, warum du diese Sprache lernen willst. Denke daran, was du damit erreichen willst. Du möchtest dein Leben und das Leben deiner Familie bereichern. Du tust es sozusagen für einen guten Zweck. Hab Spaß daran und tu es aus Freude!

## Übung GFK: ERSTE SCHRITTE

Starte erstmal im Stillen und nur für dich mit der Selbst- und Fremdeinfühlung. Du kannst diese Übung so lange machen, bis du dich mit der GFK-Haltung und Denkweise sicher fühlst.
Danach kannst du anfangen, in einer weniger stressigen Situation die gewaltfreie Sprache zu üben.

Überlege dir jetzt eine Situation, die dir häufig Schwierigkeiten bereitet bzw. wo es zu Konflikten zwischen dir und deinem Kind kommt.

**Selbsteinfühlung**
Ziel: Komm deinen Gefühlen und Bedürfnissen auf die Spur. Finde heraus, was du brauchst und worum du bitten könntest.

1. Was beobachtest du?
2. Was ist dein Gefühl?
3. Was ist dein Bedürfnis?
4. Worum bittest du?

**Fremdeinfühlung**
Hierbei gehst du spekulativ die vier Schritte für dein Kind durch. Dabei stellst du Vermutungen darüber an.

1. Wie könnte mein Kind die Sache sehen? Was könnte es beobachten?
2. Was könnte es dabei fühlen?
3. Was könnte es brauchen? Was ist meinem Kind wichtig?
4. Worum könnte mich mein Kind bitten wollen?

Weitere hilfreiche Fragen:

- Welche äußeren Bedingungen kann ich ändern?
- Welche Strategien kann ich wählen, um alle Bedürfnisse zu befriedigen?
- Was könnte mein Bedürfnis sein?
- Was könnte das Bedürfnis meines Kindes sein?

Wenn du dich sicher fühlst, kannst du den nächsten Schritt wagen.

## Übung: GFK GESPRÄCHE FÜHREN

Es ist hilfreich, zuerst dein Kind zu fragen, wie es die Situation erlebt hat, indem du die vier Schritte abfragst:

1. Was hast du erlebt, beobachtet, gesehen?
2. Wie hast du dich dabei gefühlt?
3. Was hättest du gebraucht?
4. Was hättest du dir gewünscht?

Anschließend kannst du erzählen, wie es dir in der Situation ging:

1. Ich habe es so gesehen.
2. Dadurch habe ich mich so gefühlt.
3. Ich hätte (…) gebraucht.
4. Ich möchte (…).

Bei dieser Variante geht es um Konfliktsituationen, die in der Vergangenheit liegen. In der eigentlichen Konfliktsituation seid ihr womöglich beide so aufgebracht, dass ihr so ein Gespräch nicht führen könnt. Warte, bis sich die Situation entspannt hat und gehe ins Gespräch, wenn ihr genügend Zeit und Ruhe habt.

## Übung: GFK IN KONFLIKTSITUATIONEN

Wenn du dich bereits sehr sicher mit den vier Schritten und der Haltung fühlst, kannst du versuchen, auch in Konfliktsituationen die Gewaltfreie Kommunikation zu üben.

1. Einfühlsames Beobachten: Ich sehe, dass du jetzt nicht aus dem Wasser kommen willst.
2. Es macht dir so viel Spaß, im Wasser zu spielen.
3. Ich habe Hunger und brauche jetzt etwas zu essen.
4. Ich bitte dich, aus dem Wasser zu kommen, damit wir nach Hause fahren können und ich etwas essen kann.

**GFK in Situationen, wenn du verbal angegriffen wirst**

Diese Form der GFK kannst du auch anwenden, wenn dir dein Kind etwas erzählt, was zum Beispiel in der Schule vorgefallen ist. Hierbei gehst du in erster Linie auf die Gefühle ein und was dein Gegenüber braucht. „Der Tom hat mich heute gehauen."

Nachdem du deinem Kind Empathie gegeben hast, könntest du ihm helfen, seine Gefühle und Bedürfnisse zu verbalisieren: Du warst (wütend/traurig/verletzt/irritiert), weil du dir gewünscht hättest, dass Tom dich (in Ruhe lässt / erst mal mit dir redet / dich nicht haut).

**Tipp: Nimm dir ausreichend Zeit für die Empathie. Besonders, wenn es sich um eine Trauer-, Wut- oder Abschiedssituation handelt.**

**Siehe Musterbeispiele in den Kapiteln „Abschied und Trauer" sowie „Wutausbrüche".**

- **Erinnerung: Versichere dich im Anschluss hin und wieder, ob dich dein Kind richtig verstanden hat. Lass dein Kind wiederholen, was es gehört hat.**
- **Geh auf die Ebene deines Kindes und nimm dir Zeit.**

## GFK mit Kindern: Musterbeispiele

Hinweis: Jedes Kind ist anders und reagiert anders. Diese Beispiele dienen der Orientierung und sollen die zugrunde liegende Haltung veranschaulichen. Im Folgenden werden unterschiedliche Situationen aus dem Alltag geschildert. Die vorgeschlagene Gesprächsstruktur soll die Umsetzung im Alltag erleichtern. Am Ende des Buches findest du eine GFK-Gesprächsvorlage, an der du dich orientieren kannst.

Erklärung der einzelnen Komponenten:

### Situation

Erläuterung der Situation. Ein typisches Beispiel aus dem Alltag wird kurz beschrieben.

**Mögliche Gefühle und Bedürfnisse, die hier auftauchen können**

Ich benenne mögliche Gefühle und Bedürfnisse, die bei dem entsprechenden Beispiel auftreten können. Das ist natürlich individuell.

**Gesprächsmuster klassische GFK**

Struktur aus deiner Sicht
(wenn du ein Anliegen hast und um etwas bittest)

1. Wenn ich sehe / wenn ich höre …,
2. fühle ich / ich fühle mich … / bin ich …,
3. weil ich … brauche / weil ich mir wünsche …
4. Ich möchte bitte / bist du bereit …

Struktur aus Sicht des Kindes
(wenn du ein Anliegen aus Kindersicht formulierst)

1. Was ist passiert?
2. Wie geht es dir?
3. Was brauchst du?
4. Kannst du eine Bitte formulieren?

**Umgangssprachliche GFK**

Bei der Gewaltfreien Kommunikation geht es um **Verbindung.** Wir dürfen gerne vom klassischen GFK-Gesprächsmuster abweichen. Die umgangssprachliche Giraffensprache ist intuitiv, nach Gefühl und situationsbedingt. Im Wesentlichen ist es das Ziel, die Bedürfnisse von allen Beteiligten zu hören. Danach finden wir eine Strategie, um die Bedürfnisse zu erfüllen.

**Empathie-Tanz**
Wird auch Ich-Du-Kommunikation, Giraffentanz oder Empathieschleife genannt.
*Wie geht es mir? Was brauche ich gerade?*
*Wie geht es dir? Was brauchst du?*

Manchmal ist eine extra Portion Empathie notwendig. Zum Beispiel in Notsituationen, in denen das Kind körperliche oder emotionale Schmerzen durchlebt. Zu den emotionalen Schmerzen gehören Gefühle, die sich einstellen, wenn Bedürfnisse unerfüllt sind.

**Mögliche Strategien, die das unerfüllte Bedürfnis erfüllen**
Strategien können im Konflikt stehen: Es gibt beispielsweise nur eine Schaukel und 3 Kinder, die sich das Bedürfnis nach Bewegung, Spaß und Spiel erfüllen möchten.

Glücklicherweise gibt es viele unterschiedliche Strategien, um ein Bedürfnis zu erfüllen.
Unsere Aufgabe ist es, unsere Giraffenöhrchen zu spitzen und die Bedürfnisse herauszuhören. Gleichzeitig können wir den Alltag und die Freizeitangebote so strukturieren, dass die Kinder unterschiedliche Strategien kennenlernen, ihre Bedürfnisse zu erfüllen.

Mache dir als Übung immer wieder bewusst, welches Bedürfnis mit welcher Aktivität erfüllt wird.

**Reflexion/Impulsfragen**
Hier geht es darum, dich selbst zu reflektieren. Kinder lernen durch Nachahmung und manchmal erwarten wir Verhaltensweisen von ihnen, die wir selbst nicht vorleben. Gehe auf die Suche nach Triggern (Gefühlsauslösern) und mache dir alte Verletzungen bewusst. Der Punkt Reflexion gibt dir die Möglichkeit, diesen Dingen auf den Grund zu gehen. Es geht darum, dein Bewusstsein für dieses spezielle Thema zu vertiefen.

**! Tipp zur Umsetzung !**
Gehe in Kontakt, das vereinfacht die Verbindung.

Stelle Blickkontakt und Körperkontakt her (zum Beispiel eine leichte Berührung an den Armen oder Schultern). Begegne deinem Kind auf **Augenhöhe**, auch emotional gesehen: „Ich verstehe dich, ich kenne das.“

**Auf Augenhöhe begegnen heißt:**

1. Blickkontakt
2. Körperkontakt
3. Empathie. Finde heraus, was dein Kind braucht (Bedürfnis) und was es will (was ist die Bitte des Kindes).

„Du willst damit spielen, weil du …
Was genau hast du damit vor?"

Hinweis:
Beruhige dich selbst, bevor du auf Augenhöhe und in Berührung gehst.

Haltung
Dein Kind ist nicht für die Erfüllung deiner Bedürfnisse verantwortlich. Du bist für deine Gefühle, Gedanken und die Erfüllung deiner Bedürfnisse verantwortlich.

Ein Kind interessiert sich in erster Linie dafür, sein Bedürfnis zu erfüllen. Es wird sich wenig dafür interessieren, was du, ein Geschwisterkind oder Kita-Freund gerade braucht. Dein Kind macht das nicht, um dich zu ärgern. Es hat im Moment noch keine bessere Strategie zur Verfügung, um das Bedürfnis zu erfüllen.

Ist ein Kind nicht zur Kooperation bereit, verlängere den Empathie-Tanz. Es wird nicht immer gelingen, eine zufriedenstellende Lösung zu finden. Nutze die Gelegenheit, dich auszuprobieren. Es ist hilfreich, die Perspektive des Kindes einzunehmen und zu fragen: Was brauche ich gerade? Solche herausfordernden Situationen sind übrigens gut für deine Reflexion geeignet: In welchen Situationen kooperiert dein Kind nicht? Wie habe ich in ähnlichen Situationen als Kind reagiert? Wie gehe ich heute damit um? Wie fühle ich mich, wenn mein Kind nicht will? Welche Gedanken löst das in mir aus?

Hinweis:
Bei den folgenden Beispielen handelt es sich um echte Gesprächssituationen aus dem Alltag. Die empfohlene Gesprächsstruktur kann daher von der oben beschriebenen Gesprächsvorlage abweichen.

## „Trotzphasen“: Unerwünschtes Verhalten in den Autonomiephasen

Kinder durchlaufen insgesamt drei Autonomiephasen. Die erste beginnt bei einem Alter von etwa zwei Jahren, die zweite beginnt zwischen vier und sechs Jahren und die dritte zwischen 10 und 13 Jahren. Diese Phase wird von Eltern oft als Herausforderung erlebt, weil das Kind scheinbar wie aus dem Nichts vom zuckersüßen Wonneproppen zum feuerspuckenden Drachen mutiert. Wir können dann oft nur mit aufgerissenen Augen und offenem Mund staunend das Schauspiel beobachten, in das wir, ohne es zu wollen, involviert werden.

Ich habe das Wort Trotzphase bewusst in Häkchen gesetzt, weil es so etwas wie eine Trotzphase nicht gibt. Jedes Kind möchte kooperieren. Der sogenannte „Trotz“ entsteht beim Kind aufgrund von Machtmissbrauch durch stärkere und größere Menschen. Der Ausdruck „Trotzphase“ ist negativ behaftet und klingt so, als würde das Kind mit Absicht dem Willen der Erwachsenen trotzen.

Wenn wir es aber empathisch durch die Augen des Kindes sehen, dann hat es lediglich ein für diese Entwicklungsphase besonders hohes Bedürfnis nach

**Autonomie und Exploration**.

Gleichzeitig brauchen Kinder in dieser Entwicklungsphase die Eltern als **sicheren Hafen**. Denn auch der abenteuerlichste Kapitän kommt immer wieder zum Hafen zurück. Dafür ist eine sichere Eltern-Kind-Bindung wichtig, die gleichzeitig das natürliche Autonomiebedürfnis des Kindes respektiert und es wieder sicher auffängt, wenn es das Bedürfnis nach Nähe verspürt.

Autonomie bedeutet, seine Ziele selbst festzulegen. Eigene Werte zu vertreten. Eigene Träume zu haben und den Weg zur Erfüllung dahin selbst zu wählen. Es geht darum, eigene Entscheidungen zu treffen.

Die Entwicklungsaufgabe ist Autonomie und Selbstwirksamkeit.

Selbstwirksamkeit und Partizipation führen zu Selbstbewusstsein. Mit der Fähigkeit zur Selbstwirksamkeit steigt die Fähigkeit der Resilienz.

Stell dir vor, du bist drei Jahre jung und möchtest unbedingt alles selbst machen. Du hast schon 1000 Mal gesehen, wie Mama die Jacke zumacht. Es sieht so einfach aus und ist so schwer. Du weißt, was du sagen willst, aber kannst einfach nicht das ausdrücken, was in dir vorgeht. Es gibt unzählige Situationen im Alltag, die dich frustrieren.

Je mehr wir unseren eigenen Willen durchsetzen wollen ungeachtet der Bedürfnisse des Kindes, desto „trotziger“ wird es.

- **Achte die Würde deines Kindes und begegne ihm mit einfühlsamer Wertschätzung.**
- **Erinnerung: Eure Bedürfnisse sind gleichwertig!**
- **Frage dich: Würde ich auch mit einem Erwachsenen (Freundin, Chef, Partner usw.) so reden, wie ich mit meinem Kind rede / geredet habe?**

**Tipp: Einen hilfreichen Artikel mit praktischem Anwendungsbeispiel findest du hier: http://familyaffair.de/es-gibt-keine-trotzphase-oder-wie-ich-mein-kind-manipuliere/**

**Beispiel**
Laura hat sich ihre Lieblingssachen heute selbst ausgesucht. Beim Frühstück bekleckert sie sich mit Marmelade. Ihre Mutter bittet sie, das Kleid zu wechseln, denn sie will, dass Laura ordentlich und sauber in der Schule ankommt.

**Mögliche Gefühle, die hier auftauchen können**
Wut, Ärger, Frust

**Mögliche Bedürfnisse, die unerfüllt sind**
Autonomie, Selbstwirksamkeit, Entwicklung, Respekt

**Gesprächsmuster klassische GFK**
Auf deinem Kleid ist Marmelade. Wenn ich das sehe,
bin ich unzufrieden,
weil ich möchte, dass du saubere Kleidung in der Schule anhast.
Ich bitte dich, ein anderes Kleid anzuziehen.

NEIN!

1. Was ist passiert?
2. Wie geht es dir?

3. Was brauchst du?
4. Kannst du eine Bitte formulieren?

Wenn du mich sagen hörst, dass ich dich darum bitte, dein Kleid zu wechseln, bist du verärgert,
weil du dieses Kleid sehr gerne trägst.
Möchtest du selbst bestimmen, was du anziehst?

**Empathie-Tanz**
Du bist wütend.
Du willst das Kleid anbehalten.
Du wolltest das unbedingt anziehen. Jetzt bist du traurig, dass das nicht geht.
Du willst selbst entscheiden, was du anziehst.
Das frustriert dich.
Das empört dich.

Ich möchte, dass deine Kleidung sauber ist.
Ich will, dass du ordentlich in die Schule gehst.
Ich unterstütze dich.
Ich bin für dich da.

**Umgangssprachliche GFK**
Das ist ein ziemlich tolles Kleid, da stimme ich dir zu.
Du hast selbst entschieden, was du anziehen willst.
Mir gefallen auch deine vielen anderen Kleider.
Bist du bereit, dir ein neues auszusuchen? Du entscheidest, welches.

Dein Kleid ist jetzt schmutzig.
Das ärgert dich, weil du das unbedingt anziehen wolltest.
Ich möchte, dass du mit sauberen Sachen in die Schule gehst.
Bitte entscheide dich für ein neues, schönes Kleid.

**Mögliche Strategien, die das unerfüllte Bedürfnis erfüllen**
Im Beispiel geht es um das Bedürfnis nach Autonomie. Laura kann dieses Bedürfnis befriedigen, indem sie sich für ein anderes Kleid entscheidet.

Eine zusätzliche Belastung kann der Zeitdruck am Morgen sein. Eine Strategie, um den Druck zu minimieren, wäre, sich auf wichtige Dinge zu fokussieren und Unterstützung anzubieten.

Du bleibst mit deinem Kind in Verbindung, indem du alle Gefühle und Bedürfnisse aussprichst. Sowohl deine eigenen als auch die des Kindes. Danke deinem Kind immer wieder für seine Kooperation.

**Reflexion/Impulsfragen**
In dieser Phase ist eine extra Portion Empathie notwendig. Sowohl für dein Kind als auch für dich selbst. Mache dir deine Bedürfnisse bewusst. Möglicherweise sind die Bedürfnisse nach Ruhe, Harmonie und Entspannung gerade unerfüllt. Welche Strategien könnten diese Bedürfnisse erfüllen?

**Tipp: Nimm dir Zeit. Du weißt, in welchen Phasen es schwierig wird. Gönne dir einen Moment der Ruhe, indem du eine Atemübung oder eine Achtsamkeitsübung machst. Nun bist du bereit, dein Kind zu begleiten. Manchmal bist du möglicherweise nicht dazu bereit. Auch das ist okay.**

## Kind ist zu laut

Herausforderung: Kind ist laut oder macht laute Dinge.
**Bedenke, dass du dafür zuständig bist, dir deine Bedürfnisse zu erfüllen und niemand anderes.**
Beispiel, um Verantwortung für Bedürfnisse abzugeben: „Du bist zu laut, sei still!"

### Beispiel A: Kind ist laut vor Freude

Max ist im Wohnzimmer und hört laut Musik während er wild dazu singt und tanzt. Sein Vater kommt nach Hause und hat das dringende Bedürfnis nach Erholung.

**Mögliche Gefühle, die hier auftauchen können**
Gefühl des Kindes: Freude, Glück
Gefühl des Vaters: Ärger, Frust, aber auch Freude, wenn er Max tanzen sieht.
Herausforderung: gemischte Gefühle

**Mögliche Bedürfnisse, die unerfüllt sind**
Bedürfnis des Kindes: Spaß
Bedürfnis des Vaters: Ruhe, Harmonie, Entspannung
Herausforderung: gegensätzliche Bedürfnisse

**Gesprächsmuster klassische GFK**

1. Wenn ich sehe, wie du tanzt, freue ich mich.
2. Gleichzeitig bin ich erschöpft von meinem stressigen Arbeitstag.
3. Ich möchte mich auf der Couch entspannen.
4. Bist du bereit, in deinem Zimmer weiter zu tanzen?

**Umgangssprachliche GFK**

Ich freue mich, dass du so viel Spaß an der Musik hast.
Gleichzeitig fühle ich mich erschöpft und brauche Ruhe.
Kannst du bitte in deinem Zimmer Musik hören?

**Mögliche Strategien, die das unerfüllte Bedürfnis erfüllen**

1. Den Raum verlassen.
2. Das Kind bitten, Kopfhörer zu tragen.
3. Das Kind bitten, die Musik leiser zu stellen.
4. Ein entspannendes Bad nehmen.
5. Einen Spaziergang im Wald machen.

Übung

Welche Möglichkeiten gibt es noch? Schreibe sie auf.

## Beispiel B: Kind ist laut aus Not, weil ein oder mehrere Bedürfnisse nicht erfüllt sind

Sarah ist mit ihrem Sohn Finn im Einkaufszentrum. Finn sieht einen Laster und will ihn unbedingt haben. Sarah ist nicht bereit, den Laster zu kaufen.

**Mögliche Gefühle, die hier auftauchen können**

Finn: Frust, Ärger, Wut, Enttäuschung, ungeduldig, Angst, …
Sarah: Scham, Schuld, Wut, Ärger, unzufrieden, aufgeregt, Stress

**Mögliche Bedürfnisse, die unerfüllt sind**

Finn: Autonomie, Spiel
Sarah: Frieden, Harmonie, entspannt sein, Rückzug, Gelassenheit

**Empathie**

Finn ist in emotionaler Not und im Moment nicht aufnahmefähig für Gespräche. Er braucht Begleitung. Hier geht es darum, die aufkommenden Gefühle anzunehmen. Die Herausforderung für Sarah ist Selbstanbindung und Selbstempathie.

Sarah legt sich die Hand auf ihr Herz. Sie erinnert sich an ihre beruhigende Atemübung, die sie im Yoga-Kurs gelernt hat. Ruhig ein- und ausatmen. Sie nimmt ihre Gefühle und Bedürfnisse wahr und sagt sich selbst: „Es ist okay, wie du dich fühlst. Nimm es an. Sei für dich da."

Dann geht sie mit Finn auf Augenhöhe und beginnt mit der Fremdeinfühlung:

Ja, du bist wütend.
Du bist frustriert.
Du hättest jetzt so gerne den Laster.
Und du bist traurig, weil du ihn nicht haben kannst.
Ja, du fühlst dich ganz hilflos.
Ich bin da.
Es ist okay, dass du dich jetzt so fühlst.
Das ist jetzt schwer für dich.

**Mögliche Strategien, die das unerfüllte Bedürfnis erfüllen**
Ist es für dein Kind häufig schwierig, den Versuchungen im Einkaufszentrum zu widerstehen? Möglicherweise kannst du es so organisieren, dass du allein einkaufen gehst.

Eine andere Möglichkeit wäre Taschengeld oder ein Gutschein. Damit kann Finn selbst bestimmen und entscheiden. Das Bedürfnis nach Autonomie wird dadurch befriedigt.

**Reflexion/Impulsfragen**
- An welche Situation aus deinem eigenen Leben erinnert dich dieses Beispiel?
- Was hast du in der Situation gebraucht?
- Wie hast du reagiert?
- Was hast du bedauert?
- Was hätte dir geholfen?
- Welche Strategien kennst du, um dich zu beruhigen?
- Welche Strategien möchtest du erlernen, die dir helfen, mit dir selbst in Verbindung zu bleiben?

## Geschwisterstreit / Streit mit anderen Kindern

Die Begleitung in einer Spielsituation ist dann erforderlich, wenn die Kinder mit der Klärung des Streits überfordert sind oder Gefahr im Verzug ist.
Deine Aufgabe ist nicht, eine Lösung zu finden, sondern die Kinder zu begleiten, indem du Bedürfnisse ansprichst. Dadurch verstehen die Kinder, was in ihnen vorgeht, weil du es benennst.

**Hinweis: Kinder unter 4 Jahren können sich noch nicht in andere hineinversetzen.**

Kinder beginnen erst ab vier Jahren, eine Fähigkeit zur Empathie zu entwickeln. Dann erst entwickeln sie auch ein Bewusstsein für moralische Normen. Bis dahin machen sie Dinge nicht „mit Absicht", sondern um ihre eigenen Bedürfnisse zu erfüllen. Nur die Erfüllung der eigenen Bedürfnisse ist wichtig. **Dein Kind macht nichts gegen dich oder andere, sondern alles für sich.**
Daher ist es ein sinnloses Unterfangen, mit einem unter vierjährigen Kind über die Gefühle der anderen Kinder sprechen zu wollen oder zu erwarten, dass es sich schlecht fühlt, weil es ein anderes Kind geschlagen oder etwas weggenommen hat.

Wenn ein zweijähriges Kind mit der Schippe einem anderen Kind auf den Kopf schlägt oder ein Spielzeug wegnimmt, bringt es nichts, an das Gewissen dieses Kindes zu appellieren oder zu sagen, es solle sich schämen.
Hier ist ein umgangssprachlicher Ton in Verbindung mit viel Empathie angebracht. Wichtig ist die Verbindung. Denn das Bedürfnis nach Bindung ist wesentlich.

**Beispiel**
Tom und Charlotte spielen im Kinderzimmer. Das Spiel artet in einen Streit aus, als beide Kinder mit demselben Auto spielen wollen. Nach einem kurzen Gerangel schafft es Tom, Charlotte das Auto aus der Hand zu reißen. Charlotte ist höchst empört, nimmt den Baustein, der sich in unmittelbarer Nähe befindet und wirft ihn Tom an den Kopf.

Weinend läuft er zu Papa und erzählt ihm, was vorgefallen ist:
*„Lotte hat mir den Baustein an den Kopf geworfen!"*

Papa: *„Oh, das hat sicher wehgetan!"* (geht auf die Gefühle von Tom ein)

Tom: *„Jaaaa! Die hat mir einfach den Baustein an den Kopf geworfen!"*

P: *„Jetzt tut dir das weh und du bist wütend."* (Gefühle)

Er spricht Toms Bedürfnis nach Kooperation, Klärung und Unterstützung an: *„Möchtest du, dass ich dir helfe?“* (vermutete Bitte, die Tom äußern will)

T: *„Ja.“*
P: *„Charlotte, was ist denn passiert?“*
C: *„Tom hat mir das Auto weggenommen!“* (Beobachtung)

P: *„Das ärgert dich.“* (Gefühl)
*„Du wolltest mit dem Auto spielen* (Bedürfnis) *und dass Tom dich fragt, ob er auch mit dem Auto spielen kann.“* (Bitte)

C: *„Ja! Tom hat mir das Auto einfach aus der Hand genommen. Der ist auch viel stärker als ich! Und da habe ich den Baustein geworfen!“*

P: *„Ja, das hat dich wütend gemacht und deshalb hast du den Baustein geworfen. Das hat Tom wehgetan und jetzt weint er.“* (Beobachtung)
*„Wie geht es dir, wenn du siehst, dass Tom weint?“* (fragt nach Gefühl)

C: *„Das macht mich auch traurig.“*

P: *„Tom, was hast du denn jetzt von Charlotte gehört?“*

T: *„Sie hat mich nicht mitspielen lassen und dann hat sie mir den Baustein an den Kopf geworfen.“* (Interpretation)

P: *„Ich habe das anders gehört. Ich habe gehört, dass du ihr das Auto aus der Hand genommen hast. Das hat sie wütend gemacht und dann hat sie dir den Baustein an den Kopf geworfen.“* (Beobachtung)

Papa zu Charlotte: *„Du würdest gerne gefragt werden.“*

Papa zu Tom: *„Und du würdest gerne, dass Charlotte anders reagiert.“*

C: *„Ja, Tom kann mich einfach fragen, ob er mitspielen darf!“*

T: *„Ja, und du sollst mir nicht den Baustein an den Kopf werfen!“*

Papa zu Tom: *„Hast du eine Idee, wie du beim nächsten Mal anders reagieren könntest?“* (Er hilft den Kindern, eine Bitte zu formulieren)

T: *„Ich könnte beim nächsten Mal fragen, ob ich mitspielen darf, statt das Auto einfach wegzunehmen."*

C: *„Ich könnte ihm erstmal sagen, dass ich das nicht will, bevor ich einen Baustein werfe."*

Erinnerung: Nimm dir ausreichend Zeit für Einfühlung. Eine Schlichtung kann einige Zeit in Anspruch nehmen. Es ist hilfreich, sich für eine Schlichtung Unterstützung zu holen.

**Es ist nicht immer notwendig zu schlichten:**
Kinder streiten sich um ein Spielzeug. Mama hört, wie die Kinder sich lautstark anschreien und geht ins Kinderzimmer:

Beobachtung:
*„Oh, das ist aber eine schwierige Situation. Ihr beide wollt mit der Puppe spielen. Jetzt seid ihr ganz wütend. Ich bin gespannt, wie ihr diese Situation lösen werdet."*

**Wir dürfen Kindern auch Verantwortung zutrauen. Manchmal kann der Konflikt sich sogar verstärken, wenn wir Hilfe anbieten.**

Wenn die Kinder sich ernsthaft verletzen, gehen die Erwachsenen dazwischen, um sie zu schützen: *„Eine Puppe, die ihr beide haben wollt. Weil ich nicht möchte, dass ihr euch verletzt, trenne ich euch erstmal voneinander."* (Während du sie liebevoll voneinander trennst.)

Was du deine Kinder fragen kannst, um herauszufinden, ob es gefährlich ist:
- *„Ist der Streit schon ernst?"*
- *„Kann jemand verletzt werden?"*
- *„Ist noch alles im sicheren Bereich oder braucht ihr Hilfe?"*

Das kann den Konflikt verschärfen:
- *„Hört auf zu streiten."* (Streit soll nicht vermieden werden)
- Verbale Gewalt (Schuldzuweisungen, Vergleiche, Bewertung, Urteile, sich mit einem Kind gegen das andere verbünden usw.)[16]

---

16 *Vgl. Glücksknirpse – Kindergesundheit & Familienglück: Gewaltfreie Kommunikation mit Kindern. YouTube 26.11.2018, 24.07.2019 um 12:30 Uhr, in: https://www.youtube.com/watch?time_continue=221&v=22O9uBXj91s*

## Kind blockiert ein Spielgerät / Ich will auch mal schaukeln!

Amelie sitzt auf der Schaukel. Plötzlich kommt Eva dazu. Sie will auch schaukeln. Amelie will aber weiter schaukeln. Eva hält die Schaukel fest. Es kommt zum Streit. An der Stelle kommst du als Begleiter*in der Situation ins Spiel. Du gibst den Kindern abwechselnd Empathie, indem du ihre Gefühle und Bedürfnisse ansprichst.

**Mögliche Gefühle, die hier auftauchen können**
Frust, Hilflosigkeit, Ohnmacht, Ärger, Wut, genervt, Unzufriedenheit

**Mögliche Bedürfnisse, die unerfüllt sind**
Spiel, Spaß, Freude, Abwechslung, Selbstwirksamkeit, Verständnis, Selbstentfaltung

**Empathie-Tanz**
**Deine Aufgabe als Begleiter*in ist es, die Bedürfnisse aller Beteiligten zu hören:**

Zu Amelie: Das Schaukeln macht so viel Spaß. Ich sehe, wie viel Freude du dabei hast. Du willst weiter schaukeln.

Zu Eva: Du willst unbedingt jetzt schaukeln.

Zu Amelie:
Als Eva die Schaukel festgehalten hat, hast du dich erschrocken. Du ärgerst dich, weil du weiter schaukeln möchtest.
Du willst selbst bestimmen, wann du von der Schaukel gehst.

Zu Eva:
1. Was ist passiert?
2. Wie geht es dir?
3. Was brauchst du?
4. Kannst du eine Bitte formulieren?

Du hast gesehen, wie viel Freude Amelie beim Schaukeln hat und bist gleich hingelaufen, um die Schaukel festzuhalten.
Es gefällt dir, wie hoch Amelie schaukelt
und du willst auch so viel Spaß haben.
Möchtest du auch schaukeln?

**Gesprächsmuster klassische GFK**
Was geht in dir vor? Hier bietet sich die klassische GFK Struktur an, um deine Bedürfnisse zum Ausdruck zu bringen:

1. Als ich sah, wie du zur schwingenden Schaukel gelaufen bist und sie festgehalten hast,
2. habe ich mich erschrocken,
3. weil ich möchte, dass du sicher bist und dich nicht verletzt.
4. Kannst du nächstes Mal Amelie bitten, dich schaukeln zu lassen?

*Alternativ*

4. Hast du eine Idee, wie du dein Bedürfnis ausdrücken kannst, ohne in die Schaukel zu greifen?

**Mögliche Strategien, die das unerfüllte Bedürfnis erfüllen**
Wenn das unerfüllte Bedürfnis bei Eva das nach Spaß ist, könntest du fragen, was ihr noch Freude bereitet. Vielleicht geht es nicht ums Schaukeln, sondern um ein anderes unerfülltes Bedürfnis. Es könnte sein, dass Eva mit Amelie spielen möchte. In dem Fall wäre das Bedürfnis nach Gemeinschaft unerfüllt: „Ah, du möchtest mit Amelie *zusammen* spielen?"

Übung
Schreibe alle möglichen unerfüllten Bedürfnisse auf.
Formuliere daraus Aussagen.

## Im Haushalt helfen

**Beispiel**
Sophie bittet Emma, die Spülmaschine auszuräumen. Emma sagt Nein.

**Was ist das Bedürfnis von Sophie?**
Sophie hat das Bedürfnis nach Ordnung, Kooperation und Hilfe. Sie legt Wert darauf, dass jedes Familienmitglied einen Teil der Hausarbeiten erledigt. Damit könnte sie mit Emma ins Gespräch gehen. Sie kann ihre Bedürfnisse mitteilen und Emma versteht besser, was Sophie wichtig ist.

**Was ist das Bedürfnis von Emma?**
Emma möchte spielen, statt die Spülmaschine auszuräumen. Emma hört das Bedürfnis von Sophie (Ordnung, Kooperation, Hilfe). Sie versteht, dass es Sophie wichtig ist, dass jedes Familienmitglied einen Beitrag leistet, um das gemeinsame Familienleben zu verbessern.

Vielleicht mag Emma diese bestimmte Tätigkeit (Spülmaschine ausräumen) nicht. Eine Lösung wäre, dass Sophie Emma fragt:
„Welche Tätigkeit möchtest du gerne im Haushalt erledigen?“

Damit wäre Sophies Bedürfnis nach Kooperation, Ordnung und Hilfe erfüllt und Emma könnte eine Tätigkeit wählen, die ihr mehr Spaß macht.

**Tipp: Fertige eine Liste mit allen Dingen an, die bei euch im Haushalt zu erledigen sind. Setzt euch zusammen und sprecht darüber, wer gerne welche Aufgabe übernehmen möchte.**

## Teilen

Kinder zum Teilen und Helfen zu zwingen, fördert nicht deren natürliche Bereitschaft. Wenn ein Kind sich von selbst dazu entschließt, zu helfen beziehungsweise seine Schokolade, Spielsachen oder sonstige Dinge zu teilen, dann wird es in zukünftigen Situationen viel eher dazu bereit sein.

Teilen und Hilfsbereitschaft sollten freiwillig erfolgen und nicht aus Zwang.

Diese Faktoren tragen zur Bereitschaft zu teilen und zu helfen bei:

- Einfühlung: Kinder sehen, dass jemand traurig ist und Hilfe braucht.
- Die Bereitschaft nimmt zu, wenn die eigenen Bedürfnisse erfüllt sind.
- Die Empathiefähigkeit hängt auch vom Alter und den Erfahrungen ab, die ein Kind in der Vergangenheit gemacht hat.

Marshall Rosenberg hat folgendes Spiel mit seinen Kindern gespielt:

Jedes seiner drei Kinder durfte abwechselnd der Chef sein. Dann durften sie wichtige Entscheidungen ganz allein treffen. In seinem Buch „Konflikte lösen durch Gewaltfreie Kommunikation“ beschreibt er folgendes Szenario:

Es handelt sich um eine Situation, bei der sein damals 3-jähriger Sohn Brad der „Chef“ war. An der Kasse einer Reinigung gab die Frau hinter dem Tresen Marshall Rosenberg drei Bonbons für seine drei Söhne.

„Würden sie die Bonbons bitte dem Chef übergeben?“

Brad hielt die Hand auf und die Frau überreichte ihm die Süßigkeiten. „Chef, du entscheidest, was mit den Bonbons passiert“ sagte der Oberchef Marshall Rosenberg zu seinem Sohn.

Was glaubst du, ist geschehen?

Der kleine Brad steht da, die drei Bonbons in der Hand. Sein Bruder und seine Schwester stehen ungeduldig neben ihm. Eine echte Herausforderung für so einen kleinen Menschen!

Letztlich teilt Brad die Bonbons mit seinen Geschwistern. Freiwillig.

Eine Woche zuvor habe sein kleiner Sohn in einer ähnlichen Situation nicht geteilt und erlebt, wie traurig und enttäuscht seine Geschwister waren.[17]

Kinder lernen durch die Erfahrungen, die sie machen. In diesem Beispiel hat Brad im zarten Alter von 3 Jahren gelernt, dass es sich besser anfühlt, wenn die Bedürfnisse aller Beteiligten erfüllt sind und nicht nur seine eigenen.

Unsere Kinder brauchen unsere Unterstützung in solchen schwierigen Situationen. Manchmal ist diese Unterstützung das Vertrauen in unsere Kinder, dass sie aus ihren Entscheidungen und Erfahrungen lernen.

## Beispiel A: Das ist meins!

Max spielt mit der Schippe von Finn. Finn möchte sie wiederhaben. Max möchte sie nicht wieder hergeben. Luise begleitet die Situation.

**Mögliche Gefühle, die hier auftauchen können:**
Frust, Ärger, Wut, Ohnmacht, Unzufriedenheit, Hoffnungslosigkeit

**Mögliche Bedürfnisse, die unerfüllt sind:**
Autonomie, Gemeinschaft, Gerechtigkeit, Selbstwirksamkeit, Respekt, Unterstützung

---

17 *Vgl. Marshall B. Rosenberg: Konflikte lösen durch Gewaltfreie Kommunikation. Herder, 2012, S. 105 und Marshall B. Rosenberg: Elternschaft im Licht der Gewaltfreien Kommunikation. Junfermann, 2015, S. 22 (Das „Kapitäns“-Spiel).*

**Empathie-Tanz**
Finn will seine Schippe wiederhaben. Max will sie nicht hergeben.
Luise geht auf Augenhöhe und berührt Max leicht an der Schulter.

Zu Max:
Das Buddeln macht dir gerade richtig viel Spaß.
Die Schippe gehört Finn.
Er möchte jetzt damit spielen und will sie wiederhaben.
Bist du bereit, sie ihm zu geben?

Nein, ich will sie behalten.

An der Stelle kommunizierst du die Bedürfnisse des Kindes:
Bedürfnis nach Autonomie: Du möchtest das jetzt allein entscheiden.
Bedürfnis nach Spiel und Spaß: Du willst weiterspielen, weil das so viel Spaß macht.
Die Schippe gehört Finn und er möchte sie wieder haben.
Was brauchst du, um dich von der Schippe zu verabschieden?

In der Zeit wartet Finn. Idealerweise gibt es eine zweite Person, die ihn begleitet.

Zu Finn:
Du bist ungeduldig, weil du jetzt ein Loch buddeln willst.
Du brauchst jetzt die Schippe.
Du möchtest die Schippe jetzt zurückhaben.
Wir warten, bis Max bereit ist.

Nehmen wir an, Finn hat das Warten satt und versucht, Max das Spielzeug aus der Hand zu nehmen. Eine Grenze ist, wenn Gewalt angewendet wird. Das aus der Hand reißen von Spielzeug ist eine klare Grenzüberschreitung.

Zu Finn:
Klare Ansage: Finger weg! Wir reißen kein Spielzeug gewaltvoll aus der Hand.
Empathie: Ja, das ist dein Spielzeug. Du möchtest es jetzt sofort wiederhaben. Wir warten, bis Max bereit ist, es dir zu geben.

Gleichzeitig geht Luise auf die Bedürfnisse ein:
Bedürfnis nach Wertschätzung/Respekt: Du möchtest gefragt werden (falls Max die Schippe einfach genommen hat).
Bedürfnis nach Spiel und Spaß: Du möchtest die Schippe jetzt wiederhaben.

Bedürfnis nach Sicherheit: Du bekommst die Schippe auf jeden Fall wieder. Wir warten, bis Max bereit ist.

**Mögliche Strategien, die das unerfüllte Bedürfnis erfüllen**
Was könnte Max den Abschied vom Spielzeug erleichtern? „Du findest diese Schippe richtig toll. Was wolltest du damit machen?"
Wenn klar ist, warum dem Kind dieses Spielzeug gerade so wichtig ist, dann könnte Luise Alternativen anbieten, die das Bedürfnis auch erfüllen. Eine Alternative wäre, dass die Kinder zusammen spielen oder sich abwechseln.

Wichtig
Bevor Strategien gefunden werden, ist Einfühlung wichtig. Die Lösung oder das Ziel steht niemals über dem Gefühl bzw. dem Bedürfnis. Anders gesagt: Das Bedürfnis ist wichtiger als die Strategie.

## Beispiel B: Das will ich haben

Martha geht mit ihrem Sohn auf den Spielplatz. Otto sieht das Dreirad eines anderen Kindes und will unbedingt damit fahren.

**Empathie**
Du willst unbedingt mit dem Dreirad fahren. Das sieht cool aus und die Farbe ist so schön (das ansprechen, was das Kind am Spielzeug begeistert).

**Umgangssprachliche GFK**
Das Dreirad gehört einem anderen Kind.
Du freust dich,
weil du es so cool findest und willst unbedingt damit fahren.
Wollen wir mal schauen, wem es gehört und fragen, ob du damit fahren darfst?

Ist die Antwort ja, freut ihr euch. Bevor Otto losfährt, klärt Martha nochmal die Rahmenbedingungen:

Sie geht auf Augenhöhe:
Otto, das Dreirad gehört der Lilli. Sie entscheidet, wer damit fahren darf und wie lange. Wenn sie es wiederhaben will, dann bekommt sie es zurück. Einverstanden?

Ist die Antwort nein, wird Otto vermutlich traurig sein. In dem Fall begleitet Martha die Gefühle von Otto. Trauer und Wut dürfen sein.

Das macht dich jetzt traurig.
Ja, du hättest das so gerne ausprobiert.
Jetzt bist du wütend, dass das nicht geht.

**Reflexion/Impulsfragen**
Beim Teilen geht es darum, gerne abzugeben. Es macht keine Freude, wenn ich es muss. Es gilt das Prinzip der Freiwilligkeit. Es ist okay, wenn ein Kind etwas nicht abgeben will, weil es dieses Spielzeug gerade selbst so interessant findet.

Es geht auch darum, die persönlichen Grenzen deines Kindes wertzuschätzen und zu akzeptieren:
Das ist dein Spielzeug.
Das ist dir jetzt ganz wichtig.
Du möchtest ganz allein damit spielen.
Du darfst entscheiden, wer wann damit spielt.
Es ist okay, dass dir das Teilen gerade schwerfällt.

Beantworte die folgenden Fragen schriftlich
- Was bedeutet Teilen für mich?
- Welche Gefühle nimmst du wahr, wenn du beobachtest, dass dein Kind nicht teilen will?
- Lebe ich das vor, was ich von meinem Kind erwarte?
- Teile ich selbst gerne?
- Wo teile ich gerne? Wo nicht? Was sind meine Grenzen?
- Akzeptiere ich diese Grenzen bei mir selbst? Oder überschreite ich meine Grenze und teile, weil „man das halt so macht"?

Aufgabe
Erinnere dich an die letzte Situation, in der du mit dem Thema Teilen konfrontiert warst. Welche Gedanken kommen auf, wenn du diese Situation vor deinem geistigen Auge beobachtest?

## Ins Bett gehen

Beobachtung: „Du spielst mit deiner Holzeisenbahn."
Gefühl: „Und das macht dir so einen Spaß!"
Bedürfnis: „Gleichzeitig möchte ich, dass du genügend Ruhe und Erholung bekommst, damit du morgen früh ausgeschlafen bist."
Bitte: „Deswegen möchte ich dich jetzt in dein Bettchen begleiten."

**Ein Abendritual und feste Schlafenszeiten helfen dir und deinem Kind dabei, das Schlafengehen zu erleichtern.**

Marshall Rosenberg, der Begründer der GFK hatte eine andere Meinung zu diesem Thema. Er hatte mit seinen Kindern nach zahlreichen erschöpfenden Machtkämpfen vereinbart, dass sie ihre Schlafenszeiten selbst festlegen dürfen.[18]

Grundsätzlich gibt es auch hier keine richtige oder falsche Vorgehensweise. Sondern es kommt auf eure Bedürfnisse an. Dein Bedürfnis nach Ruhe und Zweisamkeit mit deinem Partner am Abend könnte zum Beispiel mit dem Bedürfnis deines Kindes kollidieren, weil es gerne mit dir zusammen sein will.

Vielleicht ist es okay für dich, wenn dein Kind ins Bett geht, wenn es müde ist, solange dein eigenes Bedürfnis nach Ruhe befriedigt ist.

**Beispiel**
Bei Familie Schmidt häufen sich in letzter Zeit die Gespräche über die Regel, wann Tim ins Bett gehen sollte. Tim ist 8 Jahre alt und schlägt vor, ins Bett gehen zu dürfen, wenn er müde ist. Gemeinsam entscheidet die Familie, das Experiment auszuprobieren. Zunächst für eine Woche.

In einem solchen Fall ist es wichtig, dass Tims Eltern sich wirklich auf das Experiment einlassen. Nach einer Woche könnte sich die Familie erneut zusammensetzen und besprechen, wie es für Tim war.

Darüber hinaus wäre es wichtig, dass Tims Eltern ihn während der Woche unterstützen, indem sie ihm seinen aktuellen Zustand reflektieren. Ist er zum Beispiel so müde, dass er morgens fast mit dem Gesicht in der Müslischüssel landet und sich in der Schule nicht mehr konzentrieren kann, weil er nachts nur 3 Stunden geschlafen hat? Es könnte sich auch lohnen zu beobachten, ob sich das Verhalten von selbst einpegelt und Tim von sich aus früher ins Bett geht, um tagsüber nicht zu müde zu sein.

Dabei geht es **nicht** darum, wer recht hatte:
„Siehst du, ich habe dir doch gleich gesagt, dass du noch nicht selbst über deine Schlafenszeiten entscheiden kannst."

18 *Vgl. Marshall B. Rosenberg: Konflikte lösen durch Gewaltfreie Kommunikation. Herder, 2012, S. 108.*

Rufe dir in Erinnerung, wozu du dein Kind ermutigen willst und welche Werte du ihm vermitteln möchtest. Das kann zum Beispiel Verantwortung oder Selbstständigkeit sein. Eine Unterstützung könnte sein: „Du bist gestern um 23:30 Uhr schlafen gegangen und heute Morgen sehe ich, dass deine Augen rot sind und immer wieder zufallen."

Das wäre eine Beobachtung, die dazu dient, die Aufmerksamkeit deines Kindes auf seine aktuelle Befindlichkeit zu lenken.

Schwierigkeiten beim Einschlafen haben oft mit dem Thema Abschied und Loslassen zu tun. Manchmal spielen auch Ängste eine Rolle, wie zum Beispiel die Angst vor Alpträumen oder dem Monster im Schrank. Vielleicht gibt es Dinge, die dein Kind beschäftigen. Vielleicht etwas, das in der Schule vorgefallen ist. Vielleicht ist die Temperatur auch einfach zu hoch oder es gibt zu viele Ablenkungen in Bettnähe, die es dem Kind schwermachen, zur Ruhe zu kommen.

Abendrituale können helfen. Nimm dir ausreichend Zeit für das Gute-Nacht-Ritual und finde heraus, welches Bedürfnis deines Kindes nicht erfüllt ist, wenn es nicht schlafen will oder kann. Sei in dieser Zeit vollkommen präsent.

**Beispiel**
Kind spielt, weil es nicht schlafen kann.

**Mögliche Gefühle, die hier auftauchen können**
Hoffnungslos, hilflos, unzufrieden, einsam, Trauer, Angst, Ärger, Frust

**Mögliche Bedürfnisse, die unerfüllt sind**
Verbindung, Gemeinschaft, Spiel, Spaß, Bewegung, Austausch, wahrgenommen werden, Selbstwirksamkeit, Unterhaltung

**Gesprächsmuster klassische GFK**
1. Wenn ich sehe, dass du spielst,
2. bin ich besorgt,
3. weil ich mir wünsche, dass du ausgeruht bist.
4. Bist du bereit, dein Spielzeug wegzulegen?

*1. Was ist passiert?*
*2. Wie geht es dir?*
*3. Was brauchst du?*
*4. Kannst du eine Bitte formulieren?*

1. Ich kann nicht schlafen.
2. Ich bin überhaupt nicht müde. Außerdem ist mir langweilig.
3. Deswegen spiele ich, damit mir nicht mehr so langweilig ist.
4. Ich möchte weiter in Ruhe spielen.

**Empathie-Tanz**
Ah, du möchtest lieber spielen, weil du nicht müde bist und dir langweilig ist.

Ja.

Ich mache mir Sorgen, dass du nicht genug Schlaf bekommst, wenn du jetzt nicht zur Ruhe kommst. Ich möchte, dass du ausgeruht und ausgeschlafen bist. Denn dann kannst du dich morgen besser in der Schule konzentrieren.

Was könnte dir helfen, müde zu werden? (Kompromiss)

Vielleicht Musik?
Okay, lass uns ein Hörspiel anmachen.

**Reflexion/Impulsfragen**
- Bist du absolut gegen das Spielen?
- Was könnte helfen, damit das Kind zur Ruhe kommt?
- Was könnten weitere Kompromisse sein?
- Was ist ein Mittelweg zwischen dem, was du willst und dem, was dein Kind will?

**Mögliche Strategien, die das unerfüllte Bedürfnis erfüllen**
Eine Fantasiereise, die du dem Kind vorliest. Alternativ gibt es Traumreisen, die du deinem Kind vorspielen kannst. Oder ein beweglicher, visueller Lichtreiz, der an die Decke projiziert wird. Dein Kind kann das beobachten. Eine weitere Möglichkeit wäre ein beruhigender Duft (z. B. Lavendel).

Weitere Strategien, die hilfreich sein könnten:
- Gute-Nacht-Geschichten (Routinen und Rituale)
- das Kind immer zur gleichen Zeit ins Bett bringen (bietet verlässliche Strukturen)

## Zimmer aufräumen

Die entsprechenden Bedürfnisse können beispielsweise Ordnung und Struktur sein. Kinder lernen nicht durch Erziehung, sondern durch Nachahmung. Sie erleben Ordnung beziehungsweise Unordnung in dem Umfeld, in dem sie leben. Das heißt, Kinder lernen ein Gefühl für Ordnung und Struktur ganz automatisch. Auch wenn sich das nicht in ihren Kinderzimmern widerspiegeln mag. Das liegt daran, dass ihre Bedürfnisse in dem Moment andere sind als Ordnung.

Oft räumen Kinder deswegen nicht auf, weil sie sich gezwungen fühlen. Dann ist die Unordnung im Zimmer somit der Widerstand gegen den Zwang.

**Tipp: Probiere aus, dein Kind selbst über die Ordnung in seinem Zimmer entscheiden zu lassen.**

**Beispiel für Ordnung in den Gemeinschaftsbereichen**
Max hat seine Spielsachen quer in der ganzen Wohnung verteilt. Seine ältere Schwester spricht ihn darauf an:

Beobachtung: „Deine Malstifte liegen im Flur, deine Schultasche im Badezimmer und die Puzzleteile liegen auf dem Wohnzimmerboden.“
Gefühl: „Wenn ich über deine Sachen stolpere, dann ärgere ich mich, …“
Bedürfnis: „… denn ich fühle mich in unserem zu Hause wohl, wenn es ordentlich ist.“
Bitte: „Kannst du bitte die Malstifte, deine Schultasche und das Puzzle in dein Zimmer bringen?“

## Medienkonsum: TV, Spiele, Handy

Viele Eltern fragen sich:

- Wie kann ich das suchtartige Verhalten meines Kindes eindämmen?
- Warum klebt mein Kind ständig am Handy?
- Wie kann ich mein Kind von den Computerspielen wegbekommen?

Die Nutzung von Medien ist nicht grundsätzlich ein Grund zur Sorge. Wir leben im Informationszeitalter und die Digitalisierung entwickelt sich immer weiter und ist nicht mehr aufzuhalten. Daher ist eine gewisse Medienkompetenz sogar wünschenswert.

**Wie viel ist zu viel?**
Ich würde dir jetzt wirklich gerne eine einfache Lösung anbieten. Leider ist eine verallgemeinernde Antwort auf diese Frage meiner Einschätzung nach nicht ausreichend.

**Ich möchte dich ermuntern, dir folgende Fragen zu beantworten:**
- Was genau macht dein Kind am Handy?
- Welche Spiele spielt es?
- Womit verbringt dein Kind seine Zeit am Laptop bzw. Computer?
- Welche Fernsehserien werden konsumiert?
- Wie steht es mit meinem eigenen Medienkonsum?

**Gehe mit deinem Kind in Verbindung**
Interessiere dich dafür, womit es seine Zeit verbringt.
Vielleicht kannst du dir zeigen lassen, wie das Spiel funktioniert und mitspielen?

**Redet über die Fernsehsendungen oder Computerspiele, die dein Kind so liebt**
- Warum ist dein Kind davon begeistert?
- Welche Charaktere mag es am meisten? Und warum?
- Welche Spiele mag dein Kind?
- Mit welchen Helden identifiziert es sich?
- Welche Bedürfnisse werden dadurch befriedigt?
- Möchte es vielleicht ein bisschen so sein wie der Held?
- Welche Eigenschaften möchte dein Kind damit entwickeln? Mut? Stärke?

**Suchtartigem Verhalten begegnen**
- Kann dein Kind nicht ohne das Spiel?
- Vernachlässigt es dadurch soziale Kontakte?
- Werden dadurch Grundbedürfnisse wie Essen, Trinken und Schlafen ignoriert?

Wenn essenzielle Bedürfnisse, zum Beispiel nach Nähe oder Bindung, über einen längeren Zeitraum nicht befriedigt werden, gehen wir in die emotionale Entfremdung. Wir merken, dass wir mit den uns zur Verfügung stehenden Strategien nicht das bekommen, was wir brauchen. Dann entwickeln wir Strategien, um diese Gefühle nicht mehr spüren zu müssen und lenken uns ab.

Sucht bedeutet immer eine Pseudo-Lösung, um ein oder mehrere Bedürfnisse mit einer Ersatzdroge zu befriedigen, die uns vorübergehend besser fühlen und die emotionale Leere nicht mehr spüren lässt.

**Wenn du glaubst, dein Kind ist von einer Sucht betroffen, empfehle ich dir, eine Familientherapie oder eine Familienberatung in Anspruch zu nehmen. Entsprechende Empfehlungen für Therapeuten und Beratungsstellen befinden sich am Ende des Buches.**

## Abschied und Trauer

Negativ bewertete Gefühle wie Trauer und Wut sind manchmal schwer zu ertragen. Natürlich möchtest du, dass dein Kind glücklich und zufrieden ist. Wut und Trauer gehören dazu und sind Zeichen der Lebendigkeit, genau wie Freude.

### Beispiel Abschied

1. Beobachtung:
„Ich sehe, wie gerne du jetzt mit mir mitkommen möchtest. Ich bin auch so gerne mit dir zusammen!"

**Nimm dir hier ganz viel Zeit für Empathie. Redet zum Beispiel darüber, was ihr alles Schönes macht, wenn ihr zusammen seid.**

2. Gefühl:
„Ich freue mich so, dass wir so gerne Zeit miteinander verbringen."

**Tipp: Wenn du zu deinem Bedürfnis kommst, verwende nicht das Wort „aber". Das würde rein energetisch alles vorher Gesagte infrage stellen bzw. die Wertigkeit mindern. Nutze stattdessen „und" oder „gleichzeitig".**

3. Bedürfnis:
„Gleichzeitig möchte/brauche ich (Tätigkeit, die du jetzt tun willst, ohne dass dein Kind dabei sein kann)."

4. Bitte:
„Bitte bliebe bei (Papa, Oma, ...), bis ich wieder zu dir zurückkomme."

**Plane für Abschiede ausreichend Zeit ein.**

**Mögliche Gefühle, die hier auftauchen können**
Ich fühle mich **traurig**, **betrübt** oder **bedrückt**.
Ich bin **einsam**.
Ich habe **Angst**, dass sich keiner für mich interessiert oder für mich da ist.
**Bedauern**: Ich habe etwas verloren und bedauere das. Das kann auch mit Schuld- und Schamgefühlen einhergehen.

**Das erleichtert den Abschied**

- Klarheit: Kommuniziere immer wieder klar, was du brauchst.
- Vorhersehbarkeit: Benenne, was voraussichtlich geschehen wird. Das ist vor allem in Abschiedssituationen wichtig.
- Verlässlichkeit: Kündige rechtzeitig an, dass du gehst und begleite den Abschied bei Bedarf.
- Abschied: Nimm dir Zeit.
- Lass Trauer zu.
- Danke sagen, danke für die schöne Zeit (erleichtert den Abschied).
- Tschüss sagen zum Spielzeug, zur Rutsche, usw. (nochmal streicheln, Trauer zulassen, Dankbarkeit).

**Mögliche Bedürfnisse, die unerfüllt sind**
In Sicherheit sein, Verlässlichkeit, Vertrauen, Gemeinschaft

**Mögliche Strategien, die das unerfüllte Bedürfnis erfüllen**
Sicherheit:

- Routinen und Rituale
- verlässliche Strukturen
- verlässliche Absprachen, an die wir uns halten (Klarheit in der Sprache und Handlung)
- Präsenz

## Nicht nach Hause wollen

Anna ist mit ihrer Tochter Marie auf dem Spielplatz und möchte nach Hause. Marie ist total verliebt in die Rutsche und hat richtig viel Spaß.

**Umgangssprachliche GFK**
Ich möchte jetzt gehen, weil ich zu Hause ein leckeres Mittagessen kochen will und dafür noch genügend Zeit brauche. Bist du bereit, dich von der Rutsche zu verabschieden?

Ich möchte nach Hause und gemeinsam mit dir das Essen vorbereiten. Hast du Lust, mir dabei zu helfen?

**Gesprächsmuster klassische GFK**
In einer Stunde gibt es Mittagessen.
Ich bin ungeduldig,
weil ich genügend Zeit zum Kochen brauche.
Bist du bereit, dich von der Rutsche zu verabschieden?

Nein, ich will rutschen!

*Empathie*
Du willst jetzt weiter rutschen. (Bedürfnis nach Spaß)
Du willst selbst bestimmen! Du willst selbst entscheiden. (Bedürfnis nach Autonomie)

*überlegt*
Wie kann ich dich dabei unterstützen, dass du dich gut von der Rutsche verabschieden kannst? (Vielleicht möchte das Kind noch ein letztes Mal rutschen, die Rutsche nochmal streicheln.)
Das hat so viel Spaß gemacht.
Tschüss, bis zum nächsten Mal! Morgen sehen wir uns wieder. (Ausblick auf das Wiedersehen vermittelt Sicherheit.)

**Mögliche Gefühle, die hier auftauchen können**
Trauer, Wut, Ärger

**Mögliche Bedürfnisse, die unerfüllt sind**
Sicherheit, Verlässlichkeit, Spiel, Freude, Selbstwirksamkeit, Autonomie

**Empathie-Tanz**
Du hast gerade richtig viel Spaß auf der Rutsche.
Du hast so viel Freude, das macht so einen Spaß zu rutschen.
Zeig mir noch mal, wie toll das ist. Hey! Das macht Spaß!
So viel Freude und so eine tolle Rutsche.

Ich brauche genügend Zeit, um das Mittagessen zu kochen.
Ich möchte in Ruhe das Essen vorbereiten.
Ich freue mich darauf, mit dir gemeinsam das Essen vorzubereiten.

**Mögliche Strategien, die das unerfüllte Bedürfnis erfüllen**
Spiel und Spaß: gemeinsam kochen

## Stressige Morgensituation

Paul bittet seine Tochter Mia, sich die Schuhe anzuziehen. Die Zeit drängt. Paul will in einer Stunde im Büro sein. Er hat einen wichtigen Termin. Vorher bringt er Mia in die Kita. Mia ist ganz vertieft in das Spiel mit ihrer neuen Puppe.

**Gesprächsmuster klassische GFK**
Aus deiner Sicht
Wenn ich sehe, dass du mit deiner Puppe spielst, statt dir die Schuhe anzuziehen,
bin ich nervös,
weil ich rechtzeitig im Büro sein will.
Bist du bereit, dich von der Puppe zu verabschieden und dir die Schuhe anzuziehen, damit wir pünktlich in deiner Kita sind?

Aus Sicht des Kindes
1. Was ist passiert?
2. Wie geht es dir?
3. Was brauchst du?
4. Kannst du eine Bitte formulieren?

Du möchtest mit deiner Puppe spielen. Wenn ich dich bitte, die Schuhe anzuziehen,
fühlst du dich genervt,
weil du lieber weiterspielen möchtest.
Möchtest du die Puppe mit in die Kita nehmen?

**Empathie-Tanz**
Was ist das Bedürfnis deines Kindes? Gehe empathisch darauf ein. Wie würde es dir in der Situation gehen? Versetze dich in die Lage deines Kindes.

Dir macht das so viel Spaß, mit deiner Puppe zu spielen.
Du möchtest dich gerade gar nicht verabschieden.
Du willst viel lieber weiterspielen.

Dein Bedürfnis: Gleichzeitig ist es mir wichtig, dass wir pünktlich in der Kita ankommen.

Deine Bitte: Bist du bereit, dich von deiner Puppe zu verabschieden, damit wir losfahren können?

**Umgangssprachliche GFK**
Wir haben verschlafen.
Das macht mich nervös, denn ich habe um 9:30 Uhr einen wichtigen Termin.
Kannst du dich heute mir zuliebe beeilen, damit ich pünktlich ankomme?
Brauchst du Hilfe beim Anziehen / Sachen packen / Schuhe zubinden usw.?

Wenn ich auf die Uhr sehe,
dann werde ich wirklich unruhig, weil wir in 5 Minuten losfahren müssen.
Mir gefällt das auch nicht, dass wir so einen Stress haben.
Was hältst du davon, heute ein Wettrennen zu veranstalten?

**Bedanke dich, wenn dein Kind kooperiert**
Ich danke dir für deine Hilfe.
Ich danke dir für deine Kooperation.
Danke für dein Verständnis.

**Mögliche Strategien, die das unerfüllte Bedürfnis erfüllen**
Wenn du das Bedürfnis deines Kindes kennst, kannst du Aussichten auf dessen Erfüllung geben. Bedenke, dass das Spielen mit der Puppe nur eine der vielen möglichen Strategien ist, das Bedürfnis nach Spaß und Freude zu erfüllen.

Hilfreich ist es, die positiven Aussichten zu veranschaulichen:
Deine Freundin freut sich bestimmt schon sehr auf dich. Du kannst es bestimmt kaum erwarten, Anna in der Kita zu sehen und mit ihr zu spielen.

Im Beispiel hat Paul den Kompromiss vorgeschlagen, die Puppe mit in die Kita zu nehmen. Auch das ist möglich.

**Reflexion/Impulsfragen**
- Welches Bedürfnis ist bei dir unerfüllt?
- Welche Strategie ist denkbar, dieses Bedürfnis zu erfüllen?
- Was hilft dir, den Tag in Ruhe zu beginnen?

Möglich wäre, früher aufzustehen. Es kann sein, dass diese Strategie nicht mit deinem Bedürfnis nach Ruhe in Einklang steht. Allerdings wird dein Bedürfnis nach Ruhe auch erfüllt, wenn der Morgen stressfrei und harmonisch abläuft.

Finde das Bedürfnis deines Kindes heraus.

- Warum lässt sich dein Kind heute mehr Zeit als sonst?
- Welches Bedürfnis will erfüllt werden?
- Möchte dein Sohn oder deine Tochter sich das Bedürfnis nach Spiel und Spaß erfüllen?
- Fällt der Abschied von der Lieblingspuppe schwer?
- Braucht es mehr Zeit, um wach zu werden?

## Das Spiel unterbrechen

Beim Spielen unterbrochen zu werden, ist oft eine frustrierende Angelegenheit für Kinder. Kinder haben Spielphasen, die mehr oder weniger lange andauern. Oft sind es nur 5 Minuten, bis die derzeitige Spielphase beendet ist.

In den Spielphasen machen Kinder wertvolle Erfahrungen und Entwicklungsfortschritte. Sie entdecken und erleben die Welt, lernen zu kooperieren, eignen sich unterschiedliche Fertigkeiten an und üben soziale Kontakte.

**Beispiel**
Tom fährt auf dem Hof Inline-Skates. In einer Stunde hat er einen Termin beim Arzt. Sein Vater ist schon seit einer Weile in einer GFK-Übungsgruppe, um die Grundlagen der GFK zu erproben.

Statt aus dem Fenster zu rufen: „Tom, mach dich fertig! Wir müssen gleich los zum Arzt!“, beschließt er, zu Tom hinauszugehen.

**Mögliche Gefühle, die hier auftauchen können**
Frust, Angst, Ärger, Wut, Ohnmacht

**Mögliche Bedürfnisse, die unerfüllt sind**
Spiel, Spaß, Wertschätzung, Leichtigkeit

**Umgangssprachliche GFK**
Tom, kommst du kurz her? Ich möchte dir etwas sagen.
Wir haben gleich einen Termin beim Arzt, bist du bereit zu starten?

Nein! Ich will weiterfahren.

Das macht dir gerade richtig viel Spaß.

Ja.

Wie du den Berg runtergesaust bist, das hat sich gut angefühlt?

Ja! Das war so schön! Kuck mal, was ich schon kann!

Super, das sieht nach einer Menge Freude aus!
Hör mal!

*geht auf Augenhöhe oder ein wenig unter Augenhöhe und berührt das Kind leicht an der Schulter (Kontakt)*

Ich kann mir vorstellen, dass du jetzt lieber weiterfahren willst. Gleichzeitig ist es mir sehr wichtig, dass du gesund bist und fröhlich skaten kannst. Damit das so bleibt, ist der Termin beim Arzt wichtig. Bist du bereit, das Inline-Skaten für eine Stunde zu unterbrechen?

**Mögliche Strategien, die das unerfüllte Bedürfnis erfüllen**
In diesem Beispiel könnte ein anderes Bedürfnis als Strategie erfüllt werden. Möglicherweise könnte das Bedürfnis nach Gemeinschaft und Verbindung gestillt werden, indem du mit dem Kind eine kleine, gemeinsame Unternehmung nach dem Termin planst. Zum Beispiel gemeinsam kochen oder ein Eis essen gehen.

**Reflexion/Impulsfragen**
- Was braucht mein Kind, um das Spiel zu unterbrechen?
- Die Sicherheit, dass es später weiterspielen kann?
- Gibt es möglicherweise Ängste in Bezug auf den Arzt?
- Was braucht es, um ein Ja vom Kind zu erhalten?

## Spielendes Kind zum Essen rufen

1. Das Mittagessen ist fertig.
2. Ich habe Hunger
3. und möchte, dass wir gemeinsam essen.
4. Kommst du bitte zu Tisch?

Nein!

**Mögliche Gefühle, die hier auftauchen können**
Frust, Ärger, Trauer

**Mögliche Bedürfnisse, die unerfüllt sind**
Spiele, Freude, Spaß (beim Kind)
Gemeinschaft, Verbindung (beim Erwachsenen)

**Empathie-Tanz**
*Augenhöhe, Körperkontakt*

Du möchtest weiterspielen?
Was spielst du denn gerade?
Ah, das klingt nach einer Menge Spaß.
Mir gefällt die Farbe dieser Bausteine.

Ich habe Hunger.
Es freut mich, wenn wir gemeinsam essen.
Ich mag es, am Mittagstisch mit dir zu reden.

**Umgangssprachliche GFK**
Ich kann mir vorstellen, dass du richtig Lust hast, weiterzuspielen.
Gleichzeitig freue ich mich riesig, wenn wir gemeinsam am Tisch sitzen und lecker essen. Bist du bereit, dein Spiel für das Mittagessen zu unterbrechen? Danach kannst du gleich weiterspielen.

**Reflexion/Impulsfragen**
- Wie geht es dir, wenn du hörst, dass dein Kind Nein sagt?
- Welche eigenen Erfahrungen hast du zum Thema Essenssituationen?
- Welche Regeln gab es diesbezüglich in deiner eigenen Kindheit?
- Was hast du gebraucht?
- Was hättest du dir anders gewünscht?

## Wutausbrüche

Herausforderungen: Grenzen zeigen, Frust begleiten

**Wenn dein Kind dir gegenüber seine Ängste, Wut, Frustration zeigt, ist das ein Zeichen von Vertrauen und einer sicheren Bindung.**

Nach einem anstrengenden Tag in Kita oder Schule dürfen angestaute Gefühle endlich losgelassen werden. Wenn sich das Kind sicher fühlt und deine Familie der sichere Ort ist, an dem Gefühle sein dürfen, dann gehören Wutausbrüche dazu. Du begleitest diese Stürme wie ein Fels in der Brandung. Denn du weißt, es geht vorbei.

Trauer wird zu Wut. Deine Aufgabe als Begleiter*in ist es, durch ihre Wut zu führen, sodass die Trauer wieder spürbar wird.

Haltung
Ich bin da.

Gedanken, die mit Wut und Ärger in Zusammenhang stehen, können sein
Etwas hat nicht so funktioniert, wie ich es mir vorgestellt habe.
Ich bin schuld. Ich hätte anders handeln sollen. Ich habe etwas falsch gemacht.
Die anderen sind schuld. Das ist nicht fair. Das ist ungerecht.
Ich bin falsch. Etwas stimmt nicht mit mir (oder mit den anderen).

Auslöser
Etwas verlieren,
etwas nicht können,
etwas funktioniert nicht,
zum Opfer werden,
Bedürfnisse werden verletzt (dazu gehören auch Hunger, Müdigkeit oder Hitze bzw. Kälte).

**Mögliche Gefühle, die hier auftauchen können**
Schuld, Scham, Frustration, Ohnmacht, Angst, Stress, Ärger, …

**Mögliche Bedürfnisse, die unerfüllt sind**
Sicherheit, Verbindlichkeit, Vertrauen, Gemeinschaft, Integrität, …

**Es gilt der Grundsatz: Erst beruhigen, dann reden.**

IN EINER EXTREMEN WUTPHASE HÖRT DICH DEIN KIND NICHT. Es ist, als würde es einen Helm aufhaben, durch den du nicht hörbar bist. Warte deshalb mit Gesprächsangeboten, bis sich das Kind beruhigt hat.

Strategien, um Wut rauszulassen

- Stampfen
- Boxsack
- rennen
- an die frische Luft gehen
- schreien
- Kissen schlagen
- ins Kissen schreien
- Musik hören
- umarmen
- Nähe
- Abstand
- Atemübungen

**Selbstreflexion**

Auf Trigger achten:
Wütende Kinder triggern deine eigenen Erfahrungen. Nimm dir Zeit für die Selbstreflexion und Selbsteinfühlung, wenn der Sturm deines Kindes deine eigenen Stürme entfacht.

- Wie haben deine Eltern auf deine Wut reagiert?
- Waren Wut, Ärger und Frustration erlaubt?

Übung

Kannst du dich an eine bestimmte Situation erinnern? Was ist geschehen?

Stell dir vor, du stehst vor deinem ICH aus der Vergangenheit. Und du bist die erwachsene Bezugsperson dieses Kindes. Wie könntest du als Erwachsener mit der Situation umgehen? Sprich mit deinem inneren Kind.

Mache diese Übung schriftlich oder mündlich. Sprich laut zu deinem inneren Kind.

## Kind lehnt Nähe ab

Mia hat einen Wutanfall. Sie rennt in ihr Zimmer und knallt die Tür. Dann fängt sie laut an zu weinen. Als ihre Mutter Paula in ihr Zimmer geht, schreit Mia: „Geh weg! Geh sofort raus!"

Wenn ein Kind Nähe ablehnt, ist das okay. Dennoch brauchen Kinder die Sicherheit, dass sie nicht allein sind. Denn auch wenn dein Kind sagt, es will allein sein, braucht es dringend Nähe. Vor allem in der ersten Autonomiephase.

**Bedürfnis benennen**
„Du möchtest allein sein."

Gib deinem Kind den nötigen Raum, bleib aber trotzdem da. Wenn du selbst Abstand brauchst, dann sage, wo du hingehst.

„Ich brauche einen Moment für mich allein. Ich gehe in die Küche und trinke ein Glas Wasser. Ich komme wieder."

Dann lernt das Kind:
Egal wie ich mich verhalte, Mama und Papa sind trotzdem da.

Du vermittelst:
Egal wie du dich verhältst: Du wirst gesehen und gehört. Du bist gut und richtig so, wie du bist. Ich bin bei dir.

## Gefährliche Situationen

In gefährlichen Situationen gilt der Grundsatz Handeln statt Reden. Es geht dabei darum, unsere Kinder vor Gefahren zu schützen. Wichtig: Dein Kind macht das nicht mit Absicht, sondern weil es noch keine andere Strategie hat, das Bedürfnis zu erfüllen.

Gefährliche Situationen sind zum Beispiel, wenn das Kind auf die Straße laufen will, wenn es andere Kinder oder sich selbst verletzt oder Gegenstände kaputt macht. An der Stelle gehen wir als erwachsene Führungspersonen dazwischen und äußern einen klaren Stopp!
Stopp / Halt / Nein / Hände weg / Finger weg

Das Festhalten, um vor selbst- oder fremdverletzendem Verhalten zu schützen, ist schützende Gewalt. Die erwachsene Führungsperson übernimmt die Verantwortung. Gleichzeitig ist es wichtig, dem Kind zu spiegeln, dass du verstanden hast, was es dir mit seinem Verhalten sagen will.

**Beispiel**
„Ich will dich jetzt schützen, darum:
- halte ich dich fest,
- halte ich deinen Roller fest,
- gehe ich dazwischen,
- stelle ich mich schützend vor dich / dieses Kind,
- nehme ich die Hände weg, wenn jemand verletzt wird, usw."

Das kann auch angebracht sein, wenn das Kind Gegenstände zerstört.

„Stopp. Ich sehe, du bist wütend, du möchtest das jetzt kaputt machen. Es ist völlig okay, dass du deinem Ärger Luft machen willst. Bitte schlage auf dieses Kissen/Boxsack, usw. ein."

Alternative Strategien zum selbst- und fremdverletzenden Verhalten können erst gefunden werden, wenn die Notsituation vorbei ist. Also erst, wenn sich das Kind und du beruhigt haben.

Das aggressive Verhalten kann unterschiedliche Ursachen haben. Wenn du die Ursache kennst, benenne sie. Zeige dein Mitgefühl und bleibe dennoch auf deinem Standpunkt, dass du jetzt nicht anders handeln kannst, als eine Grenze zu setzen.

Zugegeben: Das erfordert viel Übung. Daher empfehle ich eine regelmäßige, abendliche Reflexion des Tages und das Üben von Situationen, in denen du mit deiner Reaktion nicht zufrieden warst.

## Kind hyperventiliert

Wenn das Kind hyperventiliert, können gemeinsame Atemübungen helfen. Dies kann auch schon im Vorfeld geübt werden. Beispielsweise als Abendroutine. So ist das erlernte Verhalten in der stressigen Situation leichter abrufbar. Beim Hyperventilierten ist das Ausatmen wichtiger als das Einatmen.

Zum Beispiel kannst du mit deinem Kind einen imaginären Luftballon aufpusten.
Dabei zählt ihr gemeinsam bis 6.
Dann holt ihr gemeinsam Luft und zählt bis 4.
Dann wieder aufpusten, bis 6 zählen.
„Ist der Ballon fertig aufgeblasen?
Wollen wir einen zweiten Ballon aufblasen?“
Beim zweiten Ballon (das Kind hat sich schon ein wenig beruhigt) lasst ihr 3 Sekunden Pause, in denen ihr die Luft anhaltet, jeweils nach jeder Ein- und Ausatmung.

## Andere Kinder hauen

Lea haut ihren jüngeren Bruder Emil.

**Mögliche Gefühle, die hier auftauchen können**
Wut, Angst, Stress, Ärger, Ohnmacht, Schuld, Scham, Frust, Unzufriedenheit

**Mögliche Bedürfnisse, die unerfüllt sind**
Autonomie, Wertschätzung, Verständnis, Gerechtigkeit, Austausch, Unterstützung

1. Schritt: Gefahr abwenden. Ich tue, was nötig ist, um die Gefahr abzuwenden. Ich leite schützende Maßnahmen ein: Ich trenne die beiden Kinder, nehme die Hände weg, stelle mich schützend vor das Kind, usw.

**Reflexion**
2. Schritt: Selbstfürsorge

Bitte sorge für dich selbst, bevor du ins Gespräch gehst. Situationen wie diese sind emotional herausfordernd. Nimm dir, was du brauchst, um wertfrei und gelassen mit deinem Kind ins Gespräch zu gehen.

Wenn die Situation nicht mehr gefährlich ist und du den Raum verlassen musst, weil du Abstand brauchst, kommuniziere das:

„Ich gehe kurz in die Küche und trinke ein Glas Wasser.“
„Ich will mich kurz beruhigen, deshalb nehme ich ein paar Atemzüge auf dem Balkon.“
„Ich bin gleich wieder bei euch.“

Das gibt den Kindern Sicherheit.

**Gesprächsmuster klassische GFK**

Aus deiner Sicht

Wenn ich sehe, wie du Emil haust,
bin ich traurig,
weil ich mir wünsche, dass wir wertschätzend miteinander umgehen und Streit friedlich lösen.
Bist du bereit, beim nächsten Mal Hilfe zu holen?

Aus Sicht des Kindes

1. Was ist passiert, bevor du Emil gehauen hast?
   „Emil hat meinen Turm kaputt gemacht."
2. Und das hat dich wütend gemacht.
   „Ja."

**Empathie-Tanz**

Du möchtest selbst bestimmen, was mit dem Turm passiert.
Du möchtest, dass dein Turm heil bleibt.
Du willst allein spielen.
Du willst ohne Emil sein.
Du möchtest in Ruhe spielen.

Authentischer Selbstausdruck:
Ich will, dass wir alle heil bleiben.
Ich möchte, dass wir Streit friedlich klären.

Als Emil deinen Turm kaputt gemacht hat, (Beobachtung)
warst du wütend, (Gefühl)
weil du selbst bestimmen willst. (Bedürfnis nach Autonomie)
Deswegen hast du ihn gehauen. (Beobachtung)
Ich möchte, dass wir Streit friedlich klären. (Bedürfnisse nach Gemeinschaft und Verbundenheit)
Hast du eine Idee, was du beim nächsten Mal tun kannst, wenn du so wütend bist? (Bitte)

Wenn das Kind damit überfordert ist, eine eigene Lösung zu finden, unterstütze es.

Vielleicht kannst du beim nächsten Mal:

- Sagen, was du brauchst.
- Hilfe holen.
- Auf den Boden hauen.

**Eine Vereinbarung treffen**
Okay, beim nächsten Mal, wenn du wütend bist, schrei ganz laut heraus: „Stopp! Das macht mich wütend. Lass mein Spielzeug in Ruhe!"

Hinweis:
Wenn wir wütend sind, vergessen wir diese Vereinbarungen. Das gilt sowohl für uns als auch für unsere Kinder. Erst wenn wir viele Male geübt haben, werden wir auch in Stresssituationen auf alternative Handlungsstrategien zurückgreifen können.

## Streit eskaliert und es kommt zu körperlicher Gewalt

Paul kommt weinend vom Spielplatz: „Max hat mich von der Schaukel geschubst und dann hat Hanna mich mit dem Stock gepikt!"

Wenn ein Kind weint, einen Wutausbruch hat oder frustriert ist, braucht es erstmal Empathie. Wenn das Kind mit Empathie aufgetankt wurde und sich beruhigt hat, können wir mit der klassischen GFK fortfahren.

Ich beobachte: Paul weint und braucht Trost.

Also beginne ich damit, ihm Empathie zu geben. Einerseits mit Worten, die ausdrücken, dass ich Paul verstehe. Vielleicht hilft es dir, dich an ähnliche Situationen zu erinnern, um in das Gefühl zu kommen. Du kannst dich auch fragen: Wie würde es mir an seiner Stelle gehen? Wie fühlt sich das an? Andererseits zeigst du Empathie mit deiner Mimik. Dabei spiegelst du den Gesichtsausdruck des Kindes.

**Empathie**
Als dich Max von der Schaukel geschubst hat, bist du erschrocken. Als dich Hanna mit dem Stock gepickt hat, hat dir das wehgetan. Du bist verletzt. Du bist ganz traurig. Und du bist verletzt. Das ist dein Körper. Du willst heil bleiben.

**Gesprächsbeispiel klassische GFK**
Wenn das Kind sich beruhigt hat, kannst du je nach Alter und Reife des Kindes diese Fragen stellen:

1. Was ist passiert?
2. Wie geht es dir?
3. Was brauchst du?
4. Kannst du eine Bitte formulieren?

Wenn das zu schwierig ist, kannst du dein Kind unterstützen:

1. *Wenn ich sehe / Wenn ich höre …,*
2. *fühle ich / ich fühle mich … / bin ich …,*
3. *weil ich … brauche / weil ich mir wünsche …*
4. *Ich möchte bitte / bist du bereit …*

1. Als dich Max von der Schaukel geschubst und Hanna mit dem Stock gepikt hat,
2. hat dir das wehgetan. Du hast dich hilflos, wütend und traurig gefühlt.
3. Das ist dein Körper und du willst heil bleiben. Du möchtest schaukeln, ohne geschubst zu werden.
4. Du möchtest mit Respekt behandelt werden. Du willst, dass Max und Hanna dir sagen, was sie stört, ohne Gewalt anzuwenden.

**Umgangssprachliche GFK**
Du bist traurig und verletzt. Du willst, dass dein Körper heil bleibt. Möchtest du, dass wir die anderen hinzuholen und die Situation klären? Ich helfe dir dabei.

**Reflexion/Impulsfragen**
Versetze dich in Paul hinein.
1. Wie würdest du dich an Pauls Stelle fühlen? Schreibe deine Gefühle auf.
2. Was brauchst du?

## Deine Rolle in der Streitbegleitung

**Es geht nicht darum, eine(n) Schuldige(n) zu finden. Es geht darum, alle Bedürfnisse zu hören.**

Bei der Streitschlichtung hast du als Erwachsene(r) daher die Rolle des Moderators. **Dein Ziel ist die Verbindung.** Du willst die Giraffe sein. Das erreichst du mit größerer Wahrscheinlichkeit, **wenn alle Bedürfnisse gehört werden**. Jedem wird Empathie gegeben.

Wenn mehrere Kinder in einen Konflikt involviert sind, wollen alle Beteiligten gehört werden. **Wichtig: Spiele nicht den Richter / die Richterin.** Du bist nicht dafür verantwortlich, eine(n) Schuldige(n) zu finden. Verzichte darauf, die Kinder zu verhören. Auch deine Blicke und Reaktionen verraten, wenn ein Urteil gesprochen wird. Bedenke, dass du die Verbindung unterbrichst, indem du Partei ergreifst. Urteile führen zu Trennung. Gefühle von Schuld und Scham entstehen.

Wenn du dich beim Verhören ertappst, könnte das an den unerfüllten Bedürfnissen nach Klarheit und Gerechtigkeit liegen. Du bist dafür verantwortlich, dir diese Bedürfnisse zu erfüllen. Wie schaffst du das? Indem du alle Beteiligten versammelst, die Situation schildern lässt und anschließend alle Bedürfnisse laut aussprichst.

Kommen wir zurück zum Beispiel:

Paul, Max und Hanna sind nun in einem Raum versammelt. Paul erzählt den Hergang aus seiner Perspektive. Es ist wichtig, dass die Kinder **ausreden dürfen** und den anderen zuhören. Außerdem sollte eine solche Gesprächsrunde erst einberufen werden, wenn sich die Emotionen nicht mehr am Siedepunkt befinden. Wenn es emotionale Notfälle sind, verarzten wir diese mit einem wohligen Verband aus Empathie. Das tun wir, indem wir Gefühle und Bedürfnisse benennen.

Was braucht jeder einzelne von euch?

## Sprachhilfen (so sage ich das gewaltfrei) / Gesprächsbeispiele

Ob GFK nach Lehrbuch oder umgangssprachlich – das Ziel ist immer die Verbindung. Es geht darum, eine Verbindung zu deinem Kind herzustellen und weniger darum, es richtig zu machen. Wie geht es dir? Was brauchst du? Wie geht es mir, was brauche ich.

So kannst du zum Beispiel auch hinter dem Gesagten mit Giraffenohren heraushören, was dein Gegenüber braucht.

„Blöde Mama" heißt dann zum Beispiel: Ich bin so frustriert, weil ich jetzt dieses leckere Eis nicht bekomme. Oder: Ich bin traurig und wütend, weil ich so gerne weiterspielen möchte.

Dahinter könnte sich ein unerfülltes Bedürfnis nach Autonomie verbergen.

Um in Verbindung zu bleiben, könntest du darauf folgendermaßen eingehen:

Das hat dich jetzt frustriert. Das hat dich wütend gemacht. Möchtest du es selbst versuchen?

Wenn ein Kind deine Bedürfnisse verletzt, werden bestimmte Gefühle bei dir ausgelöst. Im Gespräch könnte das so aussehen:

Wenn ich höre, wie du mich blöde Mama nennst,
bin ich gekränkt,
weil mir Höflichkeit und Respekt wichtig sind.
Wie wäre es, wenn du statt „blöde Mama" sagst „ich bin wütend"?

**Beispiel**

1. Wenn ich höre, wie du Paul einen Dummkopf nennst,
2. bin ich enttäuscht,
3. weil ich mir einen respektvollen Umgang wünsche.
4. Bist du bereit, mir zu sagen, was dich so wütend gemacht hat?

*1. Was ist geschehen?*

Paul hat mich verraten. (noch keine klare Beobachtung)

Wie hat er das gemacht? (dient der Klarheit)

Ich habe mich versteckt und wollte die Mädchen erschrecken. Paul hat das gesehen und den Mädchen gesagt, dass ich mich verstecke.

Ah, ich verstehe.

*2. Wie ging es dir dabei?*

Ich war sauer.

*3. Was brauchst du? (welches Bedürfnis wurde verletzt?)*

(Gemeinschaft / Eigenständigkeit)

*4. Kannst du eine Bitte formulieren?*

Ich will, dass Paul auf meiner Seite ist. / Ich will, dass Paul mich in Ruhe lässt.

## Weitere Gesprächsbeispiele

**Situation 1**
„Nie verstehst du mich."

**Bedürfnis**
Austausch, wahrgenommen werden, Kommunikation, Verständnis

**GFK klassisch**
Wenn ich höre, dass du sagst, ich verstehe dich nicht,
fühle ich mich schuldig,
weil ich mir Kontakt mit dir wünsche.
Bist du bereit, mir von den Situationen zu erzählen, in denen du dich nicht verstanden gefühlt hast?

**GFK umgangssprachlich**
Das tut mir leid.
Wann hast du dich nicht wahrgenommen gefühlt?
Was hättest du dir gewünscht?

**Situation 2**
„Du hast vergessen, den Müll runter zu bringen."

**Bedürfnis**
Unterstützung, Zusammenarbeit, Hilfe

**GFK klassisch**
Wenn ich sehe, dass der Müll noch hier ist,
ärgere ich mich,
weil ich Unterstützung im Haushalt brauche.
Bist du bereit, den Müll nachher mit runter zu nehmen, wenn du zu deinem Freund fährst?

**GFK umgangssprachlich**
Es wäre eine große Hilfe für mich,
wenn du den Müll nachher mit runter nimmst, wenn du zu deinem Freund fährst.
Ist das okay für dich?

---

**Situation 3**
„Deine Spielsachen liegen überall verstreut, du machst mich wahnsinnig!"

**Bedürfnis**
Ordnung, Schönheit

**GFK klassisch**
Wenn ich deine Spielsachen auf dem Wohnzimmerboden sehe,
bekomme ich schlechte Laune,
weil ich Ordnung brauche, um mich zu entspannen.
Bist du bereit, deine Spielsachen in dein Zimmer zu räumen?

**GFK umgangssprachlich**
Ich möchte mich jetzt entspannen.
Dafür brauche ich Ordnung.
Kannst du die Spielsachen jetzt in dein Zimmer bringen?

**Situation 4**
„Sei nicht so frech!"

**Bedürfnis**
Wertschätzung, Respekt

**GFK klassisch**
Wenn ich höre, wie du mich „blöde Mama" nennst,
macht mich das traurig,
weil ich Respekt brauche.
Möchtest du, dass ich dir helfe zu sagen, was du wirklich meinst?

**GFK umgangssprachlich**
Wenn ich das höre, bin ich traurig.
Ich wünsche mir Respekt.
Kannst du mir sagen, was dir gerade fehlt?

**Situation 5**
„Ständig verbreitest du Chaos."

**Bedürfnis**
Ordnung

**GFK klassisch**
Wenn ich sehe, dass das schmutzige Geschirr auf dem Küchentisch steht,
ärgere ich mich,
weil ich Ordnung brauche.
Bist du bereit, das Geschirr abzuräumen?

**GFK umgangssprachlich**
Ich würde mich freuen,
wenn du den Tisch abräumst,
weil ich mich in einer ordentlichen Küche viel wohler fühle.

# Hilfen für den Alltag: So fällst du nicht in alte Kommunikationsmuster zurück

Auch bei der GFK ist noch kein Meister vom Himmel gefallen.

Du änderst gerade deine Sprachgewohnheit. Wie das so mit Gewohnheiten ist: Sie lassen sich nicht von heute auf morgen ändern.

Nimm dir täglich ein paar Minuten Zeit, um deine „Vokabeln" zu lernen und hab Spaß dabei!

Übe immer, wenn du dazu Lust hast und überall, wo du magst.

## Übungen

### Bedürfnisse wahrnehmen

Ziele:
- Finde heraus, was du brauchst.
- Entdecke die Motivation deiner Handlungen.

Vorteile:
- Vereinfacht das Bitten.
- Es fällt dir leichter, deine Energiereserven nicht bis zuletzt auszuschöpfen, wenn du deine Bedürfnisse rechtzeitig befriedigst.
- Bedürfnisse können in anderen leichter erkannt werden.

**Anleitung:**

**Variante A: Ein ganzer Tag**
Achte einen ganzen Tag bewusst darauf, was du tust.
Es ist hilfreich, all deine Tätigkeiten aufzuschreiben.
Mache dir dafür über den Tag verteilt Notizen über Dinge, die du tust.

Das kann alles sein!

Bspw.:
- spazieren gehen,
- Schuhe anziehen,
- Haare schneiden,
- Hund streicheln,
- seufzen,
- Lieblingsserie schauen,
- in den Himmel schauen usw.

Nimm dir nun am Abend eine halbe Stunde Zeit und schreibe hinter jede Handlung das Bedürfnis, welches du dir mit dieser Aktion befriedigt hast.

**Variante B: Wenn's mal nicht so gut läuft**
Schreibe am Ende des Tages die Dinge auf, die nicht so gut gelaufen sind. Welches Bedürfnis wurde dabei nicht erfüllt?

**Die Auflistung der menschlichen Bedürfnisse im Kapitel „3. Säule: Bedürfnisse" wird dir helfen.**

## Beobachten

Ziel:
- Übe deine wertfreie und klare Beobachtungsgabe.

Vorteile:
- Fördert klares Denken.
- Schärft dein Bewusstsein für Interpretation und Fakten bei der Beobachtung.

**Anleitung:**

**Übe das Beobachten täglich für 10 Minuten.**

Denke an eine bestimmte Situation und schreibe genau auf, was du gesehen und gehört hast.
Wähle dabei zunächst eine Situation, die dir angenehme Gefühle bereitet. Wenn du dich sicher fühlst, kannst du mit Situationen üben, die sich schwer angefühlt haben.

Stell dir vor, du wärst eine Kamera.

- Was würde diese Kamera genau aufzeichnen?
- Was siehst du?
- Was hörst du?
- Was beobachtest du?

Eine Kamera interpretiert nicht. Sie gibt ohne jegliche Gefühlsregung ehrlich alles wieder, was sie aufnimmt. Wenn das betreffende Geschehen in der Vergangenheit liegt, betrachte es wie einen Film.

Alternativ kannst du immer, wenn du daran denkst, Situationen in deinem Alltag beschreiben, um zu üben.

## Müssen vs. Wollen

Ziel:
- Erlebe, wie sich „ich will" im Vergleich zu „ich muss" anfühlt.

Vorteile:
- Schärft den Fokus für das, was du willst.
- Du konzentrierst dich auf die Vorteile deiner Aktivitäten.
- Dein Fokus liegt an der Freude am Ergebnis deiner Aktivität.

✓ „Ich will" erzeugt Willensstärke.
✓ „Ich darf" erzeugt Dankbarkeit und Sanftmut.
✓ „Ich möchte" erzeugt Freude am Geben.
✗ „Ich muss" erzeugt Druck.

Erklärung:
Konzentriere dich auf das **Ergebnis** deiner Handlung. Damit können auch nervige und langweilige Aktivitäten plötzlich Sinn ergeben und vielleicht sogar Spaß machen:
- „Ich will mir die Zähle putzen, weil ich saubere Zähne und einen frischen Atem möchte."
- „Ich will die Bettlaken wechseln, weil ich das Gefühl liebe, abends in ein frisch bezogenes Bett zu steigen."
- „Ich will morgens eine halbe Stunde früher aufstehen, weil ich gerne in Ruhe meinen Tag starten möchte."

Wenn du sagst:
„Ich will …“
„Ich entscheide mich für …“
„Ich darf …“
dann ist die Energie eine völlig andere, als wenn du sagst:
„Ich muss …“.

- **Ersetze „ich muss“ mit „ich will, darf, möchte oder ich entscheide mich“.**
- **Gewöhne dir an, dir bewusst zu machen, was deine Vorteile sind, wenn du diese Aktivität tust.**
- **Sag dabei nicht, was du vermeiden willst („…, weil ich weniger Stress haben will.“)**
- **Sondern formuliere den Grund für deine Handlung positiv („…, weil ich dadurch mehr Ruhe habe.“).**

**Anleitung:**

Laufe für einen Zeitraum von 10 bis 20 Minuten durch deine Wohnung.
Sage bei allem, was du tust: „Ich muss …“

Bsp.: Ich muss die Treppe raufgehen, ich muss die Blumenvase hier hinstellen, ich muss die Spülmaschine einräumen, ich muss den Hund streicheln, ich muss mein Kind anlächeln, ich muss die … usw.

Anschließend setze dich ruhig hin und beobachte deine Energie.
Wie geht es dir?
Spüre tief in dich hinein.
Schreibe auf, wie du dich jetzt fühlst.

Wiederhole nun dieselbe Übung mit „Ich will …“
Spüre wieder nach und schreibe auf, wie du dich jetzt fühlst.

## Erste-Hilfe-Übung in stressigen Situationen

Ziel:
- Schnelle Entspannung in Krisensituationen

Vorteile:
- Dein Nervensystem beruhigt sich.
- Du kannst wieder klar denken.
- Beruhige dich und vermeide, dass der Streit eskaliert.

**Anleitung:**

1. Lege deine rechte Hand auf dein Herz.
2. Schließe mit dem linken Mittelfinger sanft dein rechtes Nasenloch.
3. Atme durch dein linkes Nasenloch.
4. Sei mit deiner Aufmerksamkeit bei deinem Atem. Lasse ihn langsam ruhig und tiefer werden, bis du merkst, dass du dich beruhigst und dein Herz langsamer schlägt.

## Abendritual mit Kind: Feiern und Bedauern

Diese Übung ist als Abendritual geeignet, welches du gemeinsam mit deinem Kind durchführen kannst. Es dient der gemeinsamen Reflexion und ist ein schöner Abschluss des Tages. Schöne Erlebnisse können noch einmal besprochen und somit verlängert werden. Außerdem bietet dieses Ritual die Möglichkeit, weniger schöne Ereignisse zu reflektieren. Gegebenenfalls können alternative Handlungsstrategien vereinbart werden (wenn ich das nächste Mal wütend bin, trete ich ganz fest auf den Boden, statt den Stuhl umzuwerfen).

Wenn du dein Kind ins Bett bringst, gehe gemeinsam Situationen des heutigen Tages durch.

Frage dein Kind:
- Was hast du gefeiert?
- Was hast du bedauert?

Erzähle selbst von Situationen, die du heute gefeiert und bedauert hast. Geeignet sind sowohl Ereignisse, die du mit deinem Kind erlebt hast, aber auch deine persönlichen Erlebnisse.

## Feinfühligkeit üben

Ziel:
- Empathie und Selbstempathie stärken (entwickle „feine Antennen“)

Vorteile:
- Authentizität steigern.
- Gefühle, Bedürfnisse besser wahrnehmen.
- Verbinde dich mit deinem Körper.
- Entdecke, dass dein Geist und dein Körper eine Einheit sind.

**Anleitung Bodyscan:**

1. Lege dich auf den Rücken.
2. Deine Beine liegen etwas mehr als hüftbreit auseinander.
3. Die Arme sind vom Körper weg.
4. Die Handflächen zeigen nach oben.
5. Richte dein Bewusstsein nacheinander auf jede einzelne Körperstelle: Beginne den Bodyscan bei deinen Zehen und Ende bei deinem Kopf. Entspanne bewusst jede einzelne Körperstelle sowie deine inneren Organe von unten nach oben.
   Spüre nach.

Der „Bodyscan“ wird auch als Body Sweeping bezeichnet und hat seinen Ursprung in der mehr als 2500 Jahre alten Vipassana-Tradition. Vipassana bedeutet Einsicht und zielt darauf ab, die Dinge so zu sehen wie sie wirklich sind. Das kommt dir vielleicht aus dem Schritt „Beobachten“ der GFK bekannt vor. Der buddhistische Lehrer Sayagyi U Ba Khin soll die Technik des Bodyscans entwickelt haben, um die vom Buddha gelehrte „körpergerichtete Bewusstheit“ zu erlangen.

Heute nutzen wir die Methode der körperlichen Einfühlung zum Beispiel im Yoga sowie bei der achtsamkeitsbasierten Stressreduktion (MBSR) oder in verschiedenen Therapieformen.

**Hilfreich sind geführte Meditationen, Bodyscans und Achtsamkeitsübungen.**

## Selbstfürsorge Impulse

Wieder habe ich etwas gesagt, was ich jetzt bereue.
Ich bekomme es einfach nicht hin.

**Wenn der Wolf die Bühne betritt, heißt das immer, dass ein Bedürfnis bedroht ist.**

Wenn der Wolf kommt, sieh es als Chance.
Welches Bedürfnis ist unerfüllt?
Mit welcher Strategie kannst du es dir erfüllen?
Was ist dafür nötig?
Erstelle einen Handlungsplan.

**Übung: Welche Bedürfnisse hast du?**
Schreibe auf, welche Bedürfnisse du hast und mithilfe welcher Strategien du sie dir erfüllst.

- Gibt es Bedürfnisse, die schon sehr lange unerfüllt sind?
- Überlege dir zu jedem Bedürfnis 5 Strategien, mit denen das Bedürfnis erfüllt wird.
- Suche dir eine Strategie aus und lege einen Termin fest, wann du es umsetzt.
- Schreibe den Termin in deinen Kalender und betrachte ihn als verbindlich.

**Übung im Alltag:**
Mache dir bei jeder Handlung im Alltag bewusst, welches Bedürfnis du dir dabei gerade erfüllst.

## Unbewusste Glaubenssätze finden und auflösen

Negativ bewertete Gefühle entstehen nicht nur durch unerfüllte Bedürfnisse, sondern auch durch Gedanken. Glaubenssätze sind manifestierte Gedanken, die durch Wiederholungen entstanden sind. Viele unserer Glaubenssätze sind in der Kindheit entstanden. Und die meisten davon sind nicht wahr.

Mache diese Übung, wenn dir negative Gedanken den Tag vermiesen. Nimm dir Zettel und Stift und zeichne eine Linie. An den Anfang schreibst du eine eins, an das Ende eine zehn. Die Eins steht für miserabel, die Zehn für fantastisch.

Auf einer Skala von eins bis zehn: Wie fühlst du dich?
Trage deinen aktuellen Gefühlszustand in die Skala ein.

- Wo hast du heute die größte Herausforderung erlebt?
- Wo hast du deine Schwächen gespürt?
- Welche Gedanken hat das hervorgerufen?
- Schreibe sie auf.
- Welche Gefühle lösen diese Gedanken aus?
- Welche Bedürfnisse sind unerfüllt?

Mache nun eine Liste von Dingen, die du über dich denkst.

Das könnte sein:

Ich bin nicht gut genug.
Ich habe versagt.
Ich kann das nicht.

Bei dieser Übung geht es nicht darum, diese Gedanken zu verdrängen. Es geht darum, sie zu akzeptieren. Denn das ist der erste Schritt, sich davon zu lösen. Schreibe nun Folgendes auf:

*Liebe(r) <dein Name>,*

*du bist ein wundervoller Mensch.*

*Auch wenn ich (dein „Fehler", deine Herausforderung) – ich liebe und akzeptiere mich.*

Beispiel:

*Auch wenn ich es nicht jedem recht machen kann – ich liebe und akzeptiere mich.*

*Auch wenn ich nicht gut genug bin – ich liebe und akzeptiere mich.*

*Auch wenn ich nicht immer alles schaffe, was ich mir vorgenommen habe – ich liebe und akzeptiere mich.*

*Auch wenn ich nicht perfekt bin – ich liebe und akzeptiere mich.*

Nun kombiniere die Worte mit einer Klopfübung.

Lies nun den ersten Satz laut vor und klopfe leicht mit den Fingern auf die Außenkante deiner Handfläche, auf Kopf, Stirn, unter die Augen, unter der Nase, am Kinn, Schlüsselbein und Rippenbogen.

Beispiel:

Klopfe dir leicht mit den Fingern deiner rechten Hand auf die Außenkante deiner linken Hand. Während du leicht klopfst, lies den ersten Satz laut vor:

*„Auch wenn ich es nicht jedem recht machen kann – ich liebe und akzeptiere mich."*

Nun wechselst du zum Kopf und wiederholst den Satz, bis du beim Rippenbogen angekommen bist.

Wiederhole die Übung mit allen Sätzen, die du aufgeschrieben hast.

Am Ende der Übung reflektierst du, wie du dich nun fühlst auf einer Skala von eins bis zehn.

## Umgang mit Triggern (Gefühlsauslösern)

Ein unbefriedigtes Bedürfnis begünstigt eine empfindliche Reaktion auf das Verhalten deines Kindes. Andersherum wirst du gelassen reagieren, wenn deine eigenen Bedürfnisse erfüllt sind.

Beispiel:
Peter ist ein alleinerziehender Vater von 2 Kindern. Zusätzlich ist er voll berufstätig. Peter hat das unbefriedigte Bedürfnis nach Ruhe und Erholung.
Seine 14-jährige Tochter ist mitten in der Pubertät und nutzt die Ferien und Wochenenden dafür, bis mittags auszuschlafen. Peter kann das nicht ertragen und nennt seine Tochter faul und ihr Verhalten bewertet er als unnormal.

**Dein Kind erinnert dich an deine eigenen Erfahrungen aus der Kindheit.**

Außerdem kann es sein, dass du eigene Erfahrungen aus der Kindheit hast, bei denen nicht so mit dir umgegangen wurde, wie du es dir gewünscht hast. Möglicherweise war es nicht okay, Gefühle zu haben geschweige denn, sie zu zeigen.

Manchmal wollen wir bestimmte Gefühle nicht fühlen. Das kann daran liegen, dass wir selbst für bestimmte Gefühle verurteilt wurden. Das kann die Empathie erschweren.

Wir alle tragen in mehr oder weniger ausgeprägter Form diese Verletzungen in uns. Dank unserer Kinder werden uns diese Verletzungen wieder bewusst. Sie kommen ans Licht und können heilen.

**Nutze die abendliche Selbstreflexion, um deinen Triggern auf die Spur zu kommen.**

Dein Kind hat einen Wutausbruch und in dir brodelt es. Dabei ist das Kind nicht die Ursache, sondern der Auslöser deiner Gefühle. Die Ursache ist ein unerfülltes Bedürfnis.

Beispiel:

Ella wurde in ihrer Kindheit bestraft, wenn sie nicht das getan hat, was sie sollte. Eine Bitte im Sinne der GFK gab es nicht. Ein Nein führte zu verbalen Attacken. Außerdem beobachtete sie verbale Gewalt und Unterdrückung in ihrer Familie.

Für Ella war das mit größter Angst und Stress verbunden. Sie hat nicht gelernt, dass es okay ist, Hilfe anzunehmen. Nur wer es allein schafft, ist gut genug. Andererseits hat Ella gelernt, dass Nein zu sagen nicht erwünscht ist. Also hat sie heute Schwierigkeiten, Hilfe anzunehmen und Bitten zu formulieren. Gleichzeitig gesteht sie ihrem Sohn nicht zu, Nein sagen zu dürfen. Alles muss erledigt werden, alles muss perfekt sein. Wenn sie ein Nein hört, wird sie getriggert.

Ein wichtiger Schritt ist die Selbstreflexion und die Erkenntnisse, die wir daraus gewinnen. Dann wissen wir, wo wir ansetzen können. Zum Beispiel braucht Ella etwas mehr Übung beim Formulieren ihrer Bitten. Außerdem gibt sie sich die Erlaubnis, dass es okay ist, Hilfe anzunehmen und kein Zeichen von Schwäche. Indem sie sich das bewusstmacht und übt, Hilfe anzunehmen, wird sie nicht mehr getriggert und gesteht auch ihren Kindern die freie Willensäußerung zu.

## Selbsteinfühlung

Mit dieser Übung stärkst du deinen empathischen Selbstausdruck.

Rufe dir eine Situation in Erinnerung, die du als herausfordernd empfunden hast. Beantworte schriftlich die folgenden Fragen:

- Was habe ich bedauert?
- Was hätte ich gebraucht? (mehr Zeit, Geduld, Hilfe von anderen)
- Was fällt mir auf? Gibt es ein Muster in meinem Verhalten? (Mir fällt auf, dass ich selten meine Kinder um Hilfe bitte. Mir fällt auf, dass es mir schwerfällt, Gefühle wahrzunehmen. Mit fällt auf, dass es mir schwerfällt, meine Bedürfnisse auszudrücken.)
- Was brauche ich, damit mir das beim nächsten Mal leichter fällt? (Mut, eine Erinnerung, eine Strategie)
- Wie könnte ich meine Bitte wirksam formulieren? Bin ich bereit, ein Nein zu akzeptieren? Was könnten Kompromisse sein?

## Selbstreflexion

Tipp: Bearbeite bei deiner Abendreflexion täglich eine Situation mit deinem Kind. Nimm hierfür ein Beispiel aus der Kategorie: Das feiere ich heute. Und eines aus der Kategorie: Das bedauere ich. Gehe die folgenden Schritte anhand deiner eigenen Beispiele durch. Zunächst schriftlich. Lies sie auch laut vor. Rollenspiele mit deinem Partner, deiner Partnerin oder auch deinem Kind sind ebenfalls hilfreich.

Führe die Selbstreflexion jeden Abend für die nächsten 90 Tage durch.

Erinnere dich am Ende des Tages an eine Situation, die du gefeiert und an eine, die du bedauerst hast. Schreibe die Beispiele auf und gehe die GFK-Schritte mithilfe der GFK-Gesprächsvorlage durch.

Zusatzfragen:

- Welche der 4 GFK-Schritte ist meine Herausforderung?
  1. Beobachtung
  2. Gefühl
  3. Bedürfnis
  4. Bitte
- Woran könnte das liegen?
- Gibt es Erlebnisse aus meiner Vergangenheit (Trigger), die mir die Umsetzung erschweren?

# Häufige Schwierigkeiten

**Ruhig bleiben**
Manchmal kommt es vor, dass dein Kind dir etwas erzählt, was dich wütend oder traurig macht. Vielleicht hat es in der Schule oder Kita etwas Schlimmes erlebt.

Bleib in solchen Situationen ruhig und empathisch. Wenn du dich von deinen eigenen Emotionen mitreißen lässt, hilfst du deinem Kind damit nicht weiter. Verzichte darauf, zu dramatisieren, Lösungen anzubieten oder die Situation selbst in die Hand zu nehmen.

Beruhige dich und dein Kind. Geht zunächst in Verbindung. Danach wird sich eine Lösung wie von selbst ergeben. Oft ist der Schaden ohnehin schon angerichtet und eine vorschnelle Reaktion ist nicht in jedem Fall unbedingt notwendig.

**Gefühle mit Pseudo-Gefühlen verwechseln**
Siehe Kapitel „2. Säule: Gefühle".

**Forderungen statt Bitten**
Siehe Kapitel „4. Säule: Bitten" Abschnitt „Bitten sind keine Forderungen".

**Umgang mit Wut**
Wenn wir uns im Stress befinden, können wir nicht klar denken. Unser Gehirn befindet sich im Fight-Flight-Modus. Daher bringt es in Krisensituationen nichts, logisch zu argumentieren oder zu belehren. Das ist verschwendete Energie. Stattdessen sorge für Empathie und Selbstempathie. Beruhige zunächst dich selbst, dann hilf deinem Kind, sich zu beruhigen. Eine friedvolle Umarmung wirkt Wunder. Manchmal hilft es auch, Abstand von der Situation zu nehmen.

Siehe Kapitel „Umgang mit Wut und Frustration", „Wutausbrüche" und „Konflikte gewaltfrei lösen".

**Startschwierigkeiten**
Am Anfang fühlt sich die GFK sehr ungewohnt an.
Manchmal erlebst du vielleicht auch Kritik von deinem Umfeld.
Oder du zweifelst an dem Konzept.

Das ist normal. Beschäftige dich mit Themen darüber, wie unser Gehirn funktioniert und was passiert, wenn wir Gewohnheiten ändern wollen. Ich empfehle dafür die Bücher des Neurobiologen Gerald Hüther, der sich mit der kindlichen Entwicklung und Lernen befasst.

Sei geduldig und liebevoll mit dir selbst. Gib dem Prozess Zeit.

**Es ist hilfreich, an einer regelmäßigen Übungsgruppe für GFK teilzunehmen.**

**Perfekt sein wollen**

Du musst nicht perfekt sein. Auch wenn du dich schon lange mit der GFK beschäftigst, kann es manchmal sein, dass du in alte Kommunikationsmuster zurückfällst. Das ist kein Drama. Vielleicht hast du mal einen schlechten Tag, nicht gut geschlafen, Hunger oder alles ist zu viel. Dann sagst oder tust du etwas, was du eigentlich nicht wolltest.

Es ist okay! Verzeih dir, du bist keine Maschine.
Du tust es immer so gut wie du kannst.
Es ist ein Prozess.
Du und dein Kind sind trotzdem oder gerade deswegen wundervoll und wertvoll!

# Häufig gestellte Fragen

**Wie lange dauert es, GFK zu erlernen?**
Das Erlernen der GFK kann ein lebenslanger Prozess sein, weil du nicht nur deine Art zu Sprechen veränderst, sondern auch deine Haltung.

**Darf mein Kind mit GFK alles tun?**
GFK bedeutet nicht, dass du dein Kind einfach alles machen lässt. Es geht nicht darum, alles zu erlauben, nie wieder Nein zu sagen oder Konflikte zu vermeiden. Es geht darum, trotz Konflikten in Verbindung und im Austausch zu bleiben.

**Deine Bedürfnisse und die Bedürfnisse der anderen sind gleichwertig.**

**Wieso ist es so schwer für uns, gewaltfrei zu kommunizieren?**
Weil wir es einfach nicht gewohnt sind, in einer bestimmten Art und Weise zu denken. Wir finden es zwar einleuchtend, dass alles dem Leben dienen soll und jeder frei und glücklich sein will. Doch die Umsetzung fällt uns nicht immer leicht. Denn wir haben uns an Denkmuster gewöhnt, die Schuld suchen und Fehler finden wollen.

Es erfordert Achtsamkeit, Mut, Energie, Geduld und einiges an Übung, bis wir uns vollständig von limitierenden Glaubensmustern befreien.

Die gute Nachricht: Es ist weit weniger anstrengend, eine neue Art der Kommunikation zu lernen als für den Rest deines Lebens Krieg zu führen.

Die Gewaltfreie Kommunikation hat das Potenzial, Krisen den Wind aus den Segeln zu nehmen. Das sorgt für weniger Stress im Alltag. Weniger Stress bedeutet mehr Wachstum und Entwicklung.

*„Stress wird dadurch verursacht, dass du ›hier‹ bist, während du eigentlich ›dort‹ sein möchtest, dass du in der Gegenwart bist, dich jedoch nach der Zukunft sehnst. Das ist eine Spaltung, die dich innerlich zerreißt.“* [19]

Eckhart Tolle

19 *Eckhart Tolle: Leben im Jetzt. Goldmann, 2014, S. 53.*

**Was ist an der gewöhnlichen Kommunikation gewaltvoll?**
In unserer aktuellen Sprache geht es nicht selten darum, vermeintliches Fehlverhalten zu analysieren und zu benennen.
*„Ich will, dass du funktionierst."*

Wir gehen davon aus, dass wir andere Menschen unseren Willen aufzwingen können und verletzen dadurch ihre Würde.

*„Die Würde des Menschen ist unantastbar."*
Artikel 1 (1) Grundgesetz

Manipulation wird dazu verwendet, jemand anderen zu einer bestimmten Handlung zu zwingen. Dabei kommt es teilweise bewusst, manchmal aber auch unbewusst zu Machtmissbrauch.
*„So lange du deine Füße unter meinen Tisch stellst, tust du, was sich sage."*

Unsere aktuelle Sprache ist bestimmend.
*„Du machst jetzt sofort dies und tust jenes."*

Sie gibt Befehle und stellt Forderungen. Sie spricht Drohungen aus und weist auf die Konsequenzen hin. Es ist eine kontrollierende Sprache, die von Angst genährt ist und nicht von Liebe. Dabei ist es ganz natürlich, dass sich verbale Gewalt entwickelt, wenn wir nur lange genug unsere lebensfördernden Bedürfnisse unterdrücken.

**Was bedeutet Erziehung im Rahmen der Gewaltfreien Kommunikation?**
Im Grunde geht es nicht darum, zu reglementieren oder unerwünschtes Verhalten zu bestrafen. In der GFK gilt der Grundsatz: Beziehung vor Erziehung.

Das heißt nicht, dass du dein Kind einfach machen lassen sollst und es keine Begrenzung gibt. Auch heißt es nicht, dass es keine Konflikte und Streitigkeiten mehr gibt. Bei der Gewaltfreien Kommunikation bleiben wir in Beziehung. Trotz Streit und Krisen.

Kinder wollen die Welt erleben und entdecken. Wir sind dafür da, diesen natürlichen Drang zu unterstützen. Wir können die Richtung weisen und neugierig machen. Wir können unseren Kindern vermitteln, welchen Sinn es hat, bestimmte Dinge zu lernen. Indem wir den Fokus darauf lenken, was dem Leben dient, unterstützen wir den natürlichen Wissensdrang unserer Kinder.

**Was tun, wenn mein Kind immer alles tut, was ich will?**
Wenn dein Kind immer bereitwillig alle Bitten erfüllt, frage es, ob es das tut, weil es das wirklich will. Gib deinem Kind die Erlaubnis, Nein sagen zu dürfen.

**Wie kann ich die Bedürfnisse des Kindes mit meinen eigenen vereinbaren?**
Manchmal kann es sein, dass deine Bedürfnisse und die deines Kindes sich nicht vereinbaren lassen. Wenn das der Fall ist, solltest du wissen, dass Bedürfnisse nicht immer gleichzeitig erfüllt werden müssen. Sie können auch nacheinander erfüllt werden. Wenn du in einer solchen Situation bist, denk daran, dass die Bedürfnisse auf einen späteren Zeitpunkt verschoben werden können.

Du bist dafür verantwortlich, zuerst deine eigenen Bedürfnisse zu erfüllen. Gleichzeitig findet ihr Wege, die Bedürfnisse aller Familienmitglieder zu befriedigen. Je älter und autonomer ein Kind wird, desto mehr lernt es, seine Bedürfnisse selbst zu erfüllen.

**Praxistipp: Oasen erschaffen**
Wenn dir ein stressiger Tag bevorsteht oder du an deine Grenzen kommst, wird dein Bedürfnis nach Entspannung und Ruhe nicht erfüllt. Es kann hilfreich sein, wenn du dir innere Oasen schaffst, indem du zum Beispiel eine entspannende Aktivität für den Abend planst. Dann weißt du: Heute Abend nehme ich mir Zeit, um mein Bedürfnis nach Erholung zu befriedigen.

**Was kann ich tun, wenn meine Bitten als Forderungen verstanden werden?**
Bei der Gewaltfreien Kommunikation geht es auch um das Halten und Aushalten von Situationen. Denn möglicherweise wird deine Bitte nicht immer gehört, missverstanden oder nicht erfüllt. Manchmal verstehen Menschen Bitten trotz richtiger Formulierung deinerseits als Forderungen. Einfach weil sie es nicht gewohnt sind, dass sie es diesmal nicht mit einer Forderung zu tun haben, auf die schmerzhafte Konsequenzen folgen könnten.

Erlaube es dir, alles anzunehmen was kommen mag.

# Auflösung Quiz

1. Interpretation: „den ganzen Tag" bedeutet, dass ich gestern wirklich 24 Stunden ununterbrochen damit verbracht habe zu versuchen, dich zu erreichen. Wenn das tatsächlich so war, dann ist es eine Beobachtung.
2. Beobachtung, wenn es den Tatsachen entspricht, dass du 10 Mal versucht hast, anzurufen.
3. Beobachtung, wenn es den Tatsachen entspricht.
4. Beobachtung. Du hast gesehen, dass jemand eine Katze getreten hat.
5. Interpretation. Du kannst nicht sicher wissen, ob der Tritt der Katze wehgetan hat. Eine Beobachtung wäre: „Du hast die Katze getreten, woraufhin sie laut geschrien hat und weggerannt ist".
6. Interpretation: Was ist verrückt? Das bedeutet für jeden etwas anderes.
7. Interpretation: Was bedeutet „komisch"? Eine Beobachtung wäre zum Beispiel: „Er hat mich mit gerunzelter Stirn und nach unten gezogenen Mundwinkeln angesehen, als ich … gesagt habe".
8. Beobachtung.
9. Beobachtung, wenn sich der Zustand nicht geändert hat, seit du das letzte Mal im Zimmer warst. Eine Interpretation wäre: „Dein Zimmer ist nicht aufgeräumt". Wer sagt, wann ein Zimmer aufgeräumt ist? Ordnung und Unordnung sind individuelle Wahrnehmungen.
10. Beobachtung, wenn du genau diese Aussage gehört hast. Interpretation, wenn du die betreffende Person beispielsweise siehst, wie sie am Fahrrad steht.
11. Interpretation. Du kannst nicht wirklich wissen, ob dein Gegenüber traurig ist. Es ist allerdings eine Vermutung, die hilfreich sein kann, wenn du mit deinem Kind in Verbindung gehst: „Du siehst ganz traurig aus. Brauchst du eine Umarmung?".
12. Beobachtung.
13. Interpretation. Du kannst es nicht mit Sicherheit wissen. Darüber hinaus wird eine solche Aussage vermutlich nicht dazu beitragen, den Konflikt zu lösen. „Du hast mich getreten. Das hat mir wehgetan. Ich brauche Sicherheit und möchte, dass du dich mit Worten ausdrückst, statt mich zu treten", könnte dazu beitragen, den Konflikt zu klären.

# GFK-Gesprächsvorlage

## Situation/Beispiel

**Mögliche Gefühle, die hier auftauchen können**

**Mögliche Bedürfnisse, die unerfüllt sind**

**Gesprächsmuster klassische GFK**

Struktur aus deiner Sicht
(wenn du ein Anliegen hast und um etwas bittest)
1. Wenn ich sehe / wenn ich höre …,
2. fühle ich / ich fühle mich … / bin ich …,
3. weil ich … brauche / weil ich mir wünsche …
4. Ich möchte bitte / bist du bereit …

Struktur aus Sicht des Kindes
(wenn du ein Anliegen aus Kindersicht formulierst)
1. Was ist passiert?
2. Wie geht es dir?
3. Was brauchst du?
4. Kannst du eine Bitte formulieren?

**Umgangssprachliche GFK**
Bedürfnis, Gefühl und Strategie werden ausgesprochen, ohne sich an das klassische GFK-Gesprächsmuster zu halten.

b. w.

**Empathie-Tanz**
Ich-Du-Kommunikation aus authentischem Selbstausdruck und Empathie.
*Wie geht es mir? Was brauche ich gerade?*
*Wie geht es dir? Was brauchst du?*

**Mögliche Strategien, die das unerfüllte Bedürfnis erfüllen**

- Was kann ich tun, um mein Bedürfnis zu erfüllen?
- Wie kann ich dich dabei unterstützen, dass dein Bedürfnis erfüllt wird?
- Hast du eine Idee?

**Reflexion/Impulsfragen**

- Gibt es Trigger (Gefühlsauslöser)?
- Lebe ich das vor, was ich von meinem Kind erwarte?
- Welche Erfahrungen habe ich mit dem Thema?

# Danksagung

Liebe Leser*in!

Ich danke dir von Herzen für den Kauf dieses Buches. Ich wünsche mir, dass du mit dem Wissen der Gewaltfreien Kommunikation die Verbindung zu dir selbst und zu deinem Kind vertiefen kannst und ihr auch Krisen verbunden und gestärkt überwindet.

Wenn dir mein Buch gefallen hat, freue ich mich über deine Rezension auf der Webseite, über welche du das Buch erworben hast. Das dauert nur 5 Minuten und hat eine große Wirkung. Du unterstützt damit nicht nur mich, sondern hilfst auch dabei, dass das Buch von anderen Eltern leicht gefunden und gelesen wird.

Ich wünsche dir viel Freude mit deiner Familie. Bleibt lebendig!

Deine
Yvonne George

eMail: kontakt@yvonnegeorge.de

# Verwendete Quellen

Marshall B. Rosenberg: Kinder einfühlend ins Leben begleiten. Junfermann, 2015.

Marshall B. Rosenberg: Konflikte lösen durch Gewaltfreie Kommunikation. Herder, 2012.

Marshall B. Rosenberg: Gewaltfreie Kommunikation – Eine Sprache des Lebens. Junfermann, 2016.

Susann Pásztor, Klaus-Dieter Gens: Ich höre was, das du nicht sagst: Gewaltfreie Kommunikation in Beziehungen. Junfermann, 2008.

Gerlinde R. Fritsch: Praktische Selbst-Empathie. Junfermann, 2012.

Gordon Neufeld, Gabor Maté: Unsere Kinder brauchen uns! Genius, 2015.

Al Weckert: „Marshall Rosenberg: Bausteine einer Biografie“, unter: https://www.empathie.com/medien/detail/marshall-rosenberg-biografie/ (abgerufen am 12.07.2019)

Gesund und entspannt im Familienalltag – Der Elternpodcast von Preventlia, Kinder besser verstehen mit dem Konzept der GfK: https://open.spotify.com/episode/7vXcjMoCODbIInOSqSkdDt?si=cdd-jlPH8RYeu1431s1shKg (abgerufen am 30.07.2019)

Paul Watzlawick, https://www.paulwatzlawick.de/axiome.html, (abgerufen am 20.08.2019)

Tassilo Peters, https://tassilopeters.com/warum-alle-eltern-gewalttaetig-sind-und-versuchen-es-zu-vertuschen, (abgerufen am 12.08.2019)

Zitate-Online, https://www.zitate-online.de/sprueche/wissenschaftler/265/probleme-kann-man-niemals-mit-derselben-denkweise.html, (abgerufen am 20.08.2019)

Wertebasiert wachsen: Gewaltfreie Kommunikation mit kleinen Kindern. YouTube 19.12.2018, 20.08.2019 um 14:30 Uhr, in: https://www.youtube.com/watch?v=16x8YekdXEk&t=918s

Jesper Juul: Aus Erziehung wird Beziehung. Herder, 2015, S. 9.

Zitate EU, https://www.zitate.eu/author/disney-walter-elias-walt/zitate/124790, (abgerufen am 20.08.2019)

Karen Wynn, Paul Bloom: „The Moral Baby“, unter: https://cpb-us-w2.wpmucdn.com/campuspress.yale.edu/dist/f/1145/files/2017/10/Wynn-Bloom-Moral-Handbook-Chapter-2013-14pwpor.pdf (abgerufen am 16.08.2019)

Glücksknirpse – Kindergesundheit & Familienglück: Gewaltfreie Kommunikation mit Kindern. YouTube 26.11.2018, 24.07.2019 um 12:30 Uhr, in: https://www.youtube.com/watch?time_continue=221&v=22O9uBXj91s

Eckhart Tolle: Leben im Jetzt. Goldmann, 2014, S. 53.

# Literaturempfehlungen

Jesper Juul: Aggression: Warum sie für uns und unsere Kinder notwendig ist

Jesper Juul: Das kompetente Kind

Gerald Hüther: Würde: Was uns stark macht – als Einzelne und als Gesellschaft

Gerald Hüther: Lernlust. Worauf es im Leben wirklich ankommt

Gordon Neufeld: Unsere Kinder brauchen uns!

Karl Heinz Brisch: SAFE® Sichere Ausbildung für Eltern

Karl Heinz Brisch: Bindung und Sucht

Bruce Lipton: Intelligente Zellen: Wie Erfahrungen unsere Gene steuern

Gerlinde R. Fritsch: Praktische Selbstempathie

Lienhard Valentin: Achtsame Eltern, glückliche Kinder

Remo H. Largo: Babyjahre: Entwicklung und Erziehung in den ersten vier Jahren

Alfie Kohn: Liebe und Eigenständigkeit: Die Kunst bedingungsloser Elternschaft, jenseits von Belohnung und Bestrafung

Alfie Kohn: Der Mythos des verwöhnten Kindes. Erziehungslügen unter die Lupe genommen

Myla Kabat-Zinn: Mit Kindern wachsen: Die Praxis der Achtsamkeit in der Familie

Michael Mendizza und Joseph Ch Pearce: Neue Kinder, neue Eltern. Die Kunst spielerischer Elternschaft und die Intelligenz des Spiels

Joachim Bauer: Wie wir werden, wer wir sind. Die Entstehung des menschlichen Selbst durch Resonanz

# Links

Fachverband GFK: https://www.fachverband-gfk.org

GFK Deutschland: https://gewaltfrei.de/gk802/index.php

Listen der Gefühle, Pseudo-Gefühle und Bedürfnisse zum Ausdrucken
https://www.lichtkreis.at/wissenswelten/gfk-sprache-des-lebens/gfk-listen-wort-übungen/

Gerald Hüther über Gelassenheit
https://www.youtube.com/watch?v=2XlJmew2lK4

GFK-Tag Erfurt Vortrag Gerald Hüther
https://vimeo.com/251442602

Beratungsstelle für Medienabhängigkeit e.V.
http://www.fv-medienabhaengigkeit.de/91.html

Familientherapeuten-Liste
https://www.netzwerk-familientherapie.de

Brigitte Hannig Broschüren
https://www.brigitte-hannig.de/

- Handeln statt Reden
- Bedarf und Bedürfnisse
- Wut, Geschrei und Tränen
- Unruhige Kinder in schlaflosen Nächten

**Weitere Impulse zur GFK mit Kindern und Persönlichkeitsentfaltung findest du auf meinem Blog www.yvonnegeorge.de.**

2. Auflage 2020


Yvonne George, Gambrinusstraße 8, 01159 Dresden
eMail: kontakt@yvonnegeorge.de

Covergestaltung und Satz: Wolkenart - Marie-Katharina Wölk, www.wolkenart.com
ISBN: 978-94-036-0433-6
Gedruckt in Deutschland